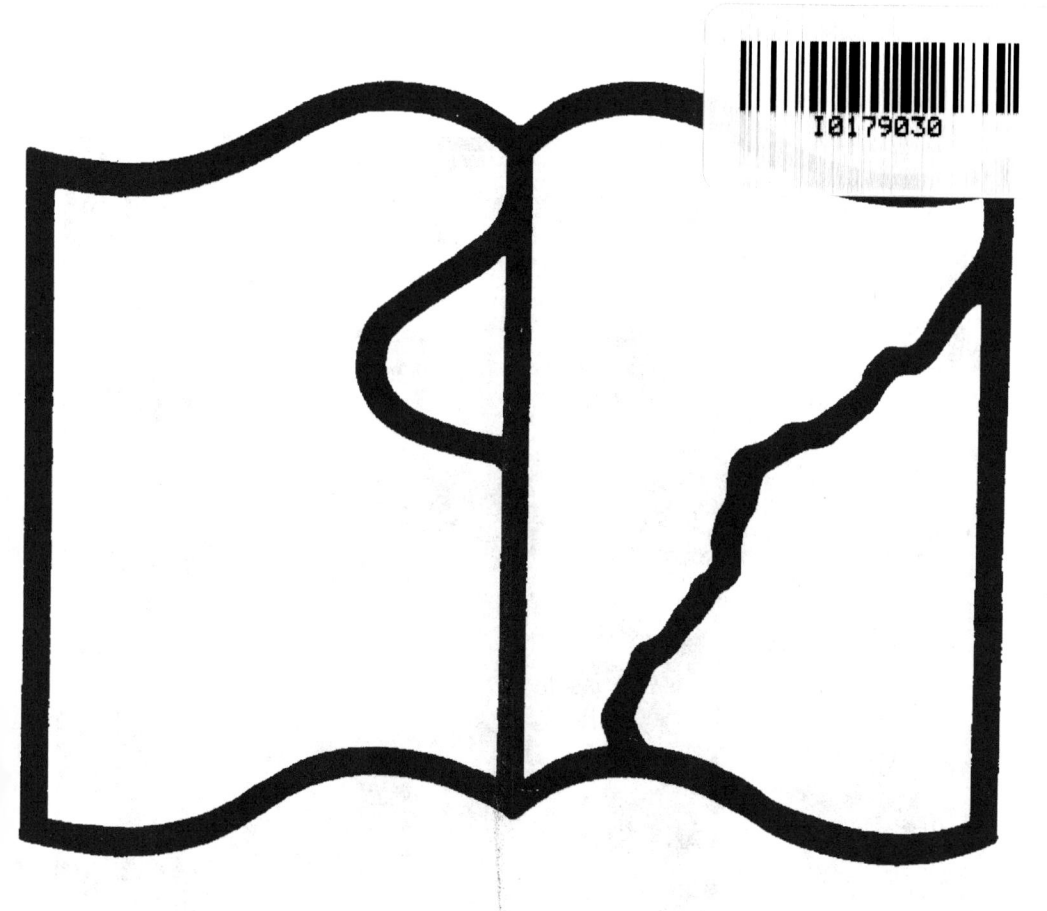

Texte détérioré — reliure défectueuse

NF Z 43-120-11

LES SATYRES
Du Sieur Regnier.

Reueues & augmentées de nouueau: Dediées
AV ROY.

A PARIS,

Chez TOVSSAINT DV BRAY, ruë Sainct
Iacques, aux Espics meurs, & en sa bou-
ticque au Palais, en la gallerie des
prisonniers.

M. DC. IX.
AVEC PRIVILEGE DV ROY.

Y 4854

Verùm, vbi plura nitent in
 Carmine, non ego paucis
Offendar maculis.

AV ROY.

SIRE,

Ie m'estois iusques icy resolu de tesmoigner par le silence, le respect que ie doy à vostre Majesté. Mais ce que l'on eust tenu pour reuerence, le seroit maintenãt pour ingratitude, qu'il luy a pleu me faisant du bien, m'inspirer auec vn desir de vertu celuy de me rendre digne de l'aspect du plus parfaict & du plus victorieux Monarque du monde. On lit qu'en Etyopie il y auoit vne statuë qui rendoit vn son armonieux, toutes les fois que le Soleil leuãt la regardoit. Ce mesme miracle (SIRE) auez vous faict en moy qui touché de l'Astre de V. M. ay receu la voix & la parole. On ne trouuera donc estrange, si me ressentant de cet honneur ma Muse prend la hardiesse de se mettre à l'abry de vos Palmes, & si temerairement elle ose vous offrir ce qui par droict est desia vostre, puis que vous l'auez faict naistre dans vn sujet qui n'est animé que de vous, & qui aura eternellement le cœur & la bou-

ã ij

che ouuerte à vos loüanges, faisant des vœus & des prieres continuelles à Dieu qu'il vous rende là haut dans le Ciel autant de biens que vous en faites çà bas en terre.

Vostre tres-humble & tres-obeissant
& tres-obligé sujet &
seruiteur

REGNIER.

ODE
A REGNIER SVR ses Satyres.

QVI de nous se pourroit vanter
De n'estre point en seruitude?
Si l'heur le courage & l'estude,
Ne nous en sçauroient exempter:
Si chacun languit abbatu,
Serf de l'espoir qui l'importune,
Et si mesme on voit la vertu
Estre esclaue de la fortune.

L'vn aux plus grands se rend suject,
Les grands le sont à la contrainte,
L'autre aux douleurs, l'autre à la crainte,
Et l'autre à l'amoureux object:
Le monde est en captiuité,
Nous sommes tous serfs de nature
Ou vifs de nostre volupté,
Ou morts de nostre sepulture.

Mais en ce temps de fiction
Et que ses humeurs on desguise,
Temps où la seruile feintise

á iij

Se fait nommer discretion:
Chacun faisant le reserué,
Et de son plaisir son idole,
REGNIER tu t'és bien conserué.
La liberté de la parole.

Ta libre & veritable voix
Monstre si bien l'erreur des hommes,
Le vice du temps où nous sommes,
Et le mespris qu'on fait des loix:
que ceux qu'il te plaist de toucher
Des poignants traicts de ta Satyre,
S'ils n'auoient honte de pecher,
En auroient de te l'oüyr dire.

Pleust à Dieu que tes vers si doux
Contraires à ceux de Tyrtée
Fleschissent l'audace indontée,
qui met noz guerriers en couroux:
Alors que la ieune chaleur
Ardents au duël les fait estre,
Exposant leur forte valeur,
Dont il deuroient seruir leur maistre.

Flatte léurs cœurs trop valeureux,
Et d'autres desseins leurs imprimes,
Laisses là les faiseurs de rimes,
qui ne sont iamais mal-heureux:
Sinon quand leur temerité
Se feint vn merite si rare,

que leur espoir precipité
A la fin deuient vn Icare.
 Si l'vn d'eux te vouloit blasmer
Par coustume ou par ignorance,
Ce ne seroit qu'en esperance
De s'en faire plus estimer.
Mais alors d'vn vers menaçant
Tu luy ferois voir que ta plume
Et celle d'vn Aigle puissant
Qui celles des autres consume.
 Romprois-tu pour eux l'vnion
De la muse & de ton genie,
Asseruy souz la tyrannie,
De leur commune opinion?
Croy plustost que iamais les Cieux
Ne regarderent fauorables
L'enuie, & que les enuieux
Sont tousiours les plus miserables.
 N'escry point pour vn foible honneur,
Tasche seulement de te plaire,
On est moins prisé du vulgaire
Par merite que par bon-heur.
Mais garde que le iugement
D'vn insolent te face blesme:
Ou tu deuiendras autrement
Le propre tyran de toy-mesme.
 REGNIER la loüange n'est rien,

Des faueurs elle a sa naissance,
N'estant point en nostre puissance,
Ie ne la puis nommer vn bien,
Fuy donc la gloire qui deçoit
La vaine & credule personne,
Et n'est pas à qui la reçoit
Elle est à celuy qui la donne.

MOTIN.

Difficile est Satyram non scribere.

DISCOVRS, AV ROY.

SATYRE I.

PVISSANT *Roy des François*, *Aſtre viuant de Mars*,
Dont le iuſte labeur ſurmontant les hazards,
Fait voir par ſa vertu que la grandeur de France,
Ne pouuoit ſuccomber ſoubz vne autre vaillance:
Vray fils de la valeur de tes peres qui ſont,
Ombragez des Lauriers qui couronnent leur front,
Et qui depuis mille ans, indomtables en guerre
Furent tranſmis du Ciel pour gouuerner la terre,
Attendant qu'à ton rang ton courage t'euſt mis,
En leur Troſne esleué deſſus tes ennemis.
Iamais autre que toy n'euſt auecque prudence
Vaincu de ton ſuiect l'ingrate outrecuidance
Et ne l'euſt comme toy du danger preſerué:

A

SATYRE I.

Car estant ce miracle à toy seul reservé,
Comme au Dieu du pays, en ses desseins pariures
Tu faits que tes bontez excedent ses iniures.

   Or apres tant d'exploicts finiz heureusement,
Laissant aux cœurs des tiens, comme vn vif monu-
   ment
Auecques ta valeur ta clemence viuante,
Dedans l'Eternité de la race suiuante,
Puisse-tu comme Auguste admirable en tes faits
Rouller tes iours heureux en vne heureuse paix,
Ores que la Iustice icy bas descenduë
Aux petits, comme aux grands, par tes mains est
   renduë,
Que sans peur du larron, trafique le Marchand,
Que l'innocent ne tombe aux aguets du meschant,
Et que de ta Couronne en palmes si fertile
Le miel abondamment, & la manne distile,
Comme des chesnes vieux aux iours du siecle d'or,
Qui renaissant souz toy reuerdissent encor.

   Auiourd'huy que ton fils imitant ton courage,
Nous rend de sa valeur vn si grand tesmoignage
Que ieune de ses mains la rage il déconfit,
Estouffant les serpents ainsi qu'Hercule fit,
Et domtant la discorde à la gueule sanglante,
D'impieté, d'horreur, encore fremissante,
Il luy trousse les bras de meurtres entachez,
De cent chaisnes d'acier sur le dos attachez,

SATYRE I.

Souz des monceaux de fer dans ses armes l'enterre,
Et ferme pour iamais le temple de la guerre,
Faisant voir clairement par ses faits triomphants,
Que les Roys & les Dieux ne sont iamais enfants.

  Si bien que s'éleuant souz ta grandeur prospere,
Genereux heritier d'vn si genereux pere,
Comblant les bont d'amour & les meschans d'effroy,
Il se rend au berceau desia digne de toy.

  Mais c'est mal contenter mon humeur frenetique,
Passer de la Satyre en vn Panegyrique,
Ou molement disert souz vn suiect si grand
Dés le premier essay mon courage se rend.
Aussi plus grand qu'Ænée, & plus vaillant qu'A-
    chille
Tu surpasses l'esprit d'Homere, & de Virgille,
Qui leurs vers à ton los ne peuuent esgaler,
Bien que maistres passez en l'Art de bien parler.
Et quand i'esgallerois ma Muse à ton merite,
Toute extresme loüange est pour toy trop petite
Ne pouuant le finy ioindre l'infinité:
Et c'est aux mieux disants vne temerité
De parler ou le Ciel discourt par tes oracles,
Et ne se taire pas ou parlent tes miracles,
Ou tout le monde entier ne bruit que tes proiects,
Ou ta bonté discourt au bien de tes suiects,
Ou nostre aise, & la paix, ta vaillance publie,
Ou le discord estaint, & la loy restablie,

A ij

Annonçent ta Iustice ou le vice abbatu,
Semble en ses pleurs chanter vn Hymne à ta vertu.
  Dans le Temple de Delphe, ou Phœbus on reuere,
Phœbus Roy des chansons, & des Muses le pere,
Au plus haut de l'Autel se voit vn Laurier sainct,
Qui sa perruque blonde en guirlandes estraint
Que nul Prestre du Temple en ieunesse ne touche,
Ny mesme predisant ne le masche en la bouche,
Chose permise aux vieux de sainct zele enflamez
Qui se sont par seruice en ce lieu confirmez,
Deuots à son mistere, & de qui la poictrine
Est plaine de l'ardeur de sa verue diuine.
Par ainsi tout esprit n'est propre à tout suiect
L'œil foible s'esbloüit en vn luisant obiect,
De tout bois, comme on dit, Mercure on ne façonne,
Et toute medecine à tout mal n'est pas bonne.
De mesme le Laurier, & la Palme des Roys
N'est vn arbre ou chacun puisse mettre les doigs,
Ioint que ta vertu passe en loüange feconde
Tous les Roys qui seront, & qui furent au monde.
  Il se faut reconnoistre, il se faut essayer,
Se sonder, s'exercer, auant que s'employer,
Comme fait vn Lutteur entrant dedans l'aréne,
Qui se tordant les bras tout en soy se deméne,
S'alonge, s'accourfit, ses muscles estendant
Et ferme sur ses pieds s'exerce en attendant
Que son ennemy vienne estimant que la gloire

SATYRE I.

Ia riante en son cœur luy don'ra la victoire.
　Il faut faire de mesme vn œuure entreprenant,
Iuger comme au suiect l'esprit est conuenant,
Et quand on se sent ferme, & d'vne aisle assez forte
Laisser aller la plume ou la verue l'emporte.
Mais, SIRE, c'est vn vol bien esleué pour ceux
　Qui foibles d'exercice, & d'esprit paresseux
Enorgueillis d'audace en leur barbe premiere
Chanterent ta valeur d'vne façon grossiere
Trahissant tes honneurs auecq' la vanité
D'attenter par ta gloire à l'immortalité.
Pour moy plus retenu la raison m'a faict craindre
N'osant suiure vn suiect ou l'on ne peut atteindre,
I'imite les Romains encore ieune d'ans,
A qui l'on permettoit d'accuser impudans
Les plus vieux de l'estat, de reprendre, & de dire,
Ce qu'ils pensoient seruir pour le bien de l'Empire.
　Et comme la ieunesse est viue, & sans repos,
Sans peur, sans fiction, & libre en ses propos.
Il semble qu'on luy doit permettre d'auantage
Aussi que les vertus fleurissent en cet âge
Qu'on doit laisser meurir sans beaucoup de rigueur,
Afin que tout à l'aise elles prenent vigueur.
　C'est ce qui m'a contraint de librement escrire
Et sans picquer au vif me mettre à la Satyre
Ou poussé du caprice, ainsi que d'vn grand vent,
Ie vais haut dedans l'air quelque fois m'esleuant,

A iij

Et quelque fois aussi quand la fougue me quite
Du plus haut, au plus bas, mon vers se precipite
Selon que du suiect touché diuersement
Les vers à mon discours s'offrent facilement:
Aussi que le Satyre est comme vne prairie
Qui n'est belle sinon en sa bisarrerie
Et comme vn pot pourry des freres Mandians,
Elle forme son goust de cent ingredians.

Or grand Roy dont la gloire en la terre espanduë
Dans vn dessein si haut rend ma Muse esperduë
Ainsi que l'œil humain le Soleil ne peut voir
L'esclat de tes vertus offusque tout sçauoir,
Si bien que ie ne sçay qui me rend plus coupable,
Ou de dire si peu d'vn suiect si capable
Ou la honte que i'ay d'estre si mal apris,
Ou la temerité de l'auoir entrepris,
Mais quoy, par ta bonté qui tout autre surpasse
I'espere du pardon auecque ceste grace
Que tu liras ces vers, ou ieune ie m'esbas
Pour esgayer ma force, ainsi qu'en ces combas
De fleurets on s'exerce, & dans vne barriere
Aux Pages l'on reueille vne adresse guerriere
Follement courageuse afin qu'en passe-temps
Vn labeur vertueux, anime leur printemps,
Que leur corps se desnouë, & se desangourdisse
Pour estre plus adroit à te faire seruice.
Aussi ie fais de mesme en ces caprices fous

Satyre I.

Ie sonde ma portee, & me taste le pous
Afin que s'il aduient, comme vn iour ie l'espere,
Que Parnasse m'adopte, & se dise mon pere,
Emporté de ta gloire, & de tes faits guerriers
Ie plante mon lierre au pied de tes Lauriers.

FIN.

A MONSIEVR LE COMTE DE GA-RAMAIN.

SATYRE. II.

Omte de qui l'esprit penetre l'Vniuers,
Soigneux de ma fortune, & facile à mes vers,
Cher soucy de la Muse, & sa gloire future,
Dont l'aimable genie, & la douce nature.
Fait voir inaccessible aux efforts medisans
Que vertu n'est pas morte en tous les Courtisans,
Bien que foible, & debile, & que mal reconnuë
Son habit decousu la montre à demy nuë,
Qu'elle ait seché la chair, le corps amenuisé,
Et serue à contre-cœur le vice auctorisé,
Le vice qui pompeux tout merite repousse,
Et va comme vn Banquier en carrosse & en housse.
 Mais c'est trop sermonné de vice, & de vertu:

Satyre II.

Il faut suiure vn sentier qui soit moins rebatu,
Et conduit d'Apollon recognoistre la trace
Du libre Iuuenal trop discret est Horace,
Pour vn homme picqué, ioint que la passion
Comme sans iugement, est sans discretion:
Cependant il vaut mieux sucrer nostre moutarde:
L'homme pour vn caprice est sot qui se hazarde.

 Ignorez donc l'Auteur de ces vers incertains,
Et comme enfans trouuez qu'ils soient fils de putains,
Exposez en la ruë, à qui mesme la mere
Pour ne se descouurir fait plus mauuaise chere.
 Ce n'est pas que ie croye en ces temps effrontez
Que mes vers soient sans pere, & ne soient adoptez
Et que ces rimasseurs pour faindre vne abondance,
N'approuuent impuissans vne fausse semance:
Comme nos Citoyens de race desireux
Qui bercent les enfans qui ne sont pas à eux
Ainsi tirant profit d'vne fausse doctrine
S'ils en sont accusez ils feront bonne mine,
Et voudront le niant qu'on lise sur leur front
S'il se fait vn bon vers que c'est eux qui le font,
Ialoux d'vn sot honneur d'vne bastarde gloire,
Comme gens entendus s'en veulent faire accroire,
A faux titre insolens, & sans fruict hazardeux
Pissent au benestier afin qu'on parle d'eux.

Or auecq' tout cecy le point qui me console
C'est que la pauureté comme moy les affole,
Et que la grace à Dieu Phœbus, & son troupeau
Nous n'eusmes sur le dos iamais vn bon manteau.
Aussi lors que l'on voit vn homme par la ruë,
Dont le rabat est sale, & la chausse rompuë,
Ses gregues aux genoux, au coude son pourpoint.
Qui soit de pauure mine, & qui soit mal en point,
Sans demander son nom on le peut reconnoistre
Car si ce n'est vn Poëte au moins il le veut estre,
Pour moy si mon habit par tout cicatrisé
Ne me rendoit du peuple, & des grands mesprisé,
Ie prendrois patience, & parmy la misere
Ie trouuerois du goust, mais ce qui doit desplaire
A l'homme de courage, & d'esprit releué,
C'est qu'vn chacun le fuit ainsi qu'vn reprouué
Car en quelque façon, les malheurs sont propices,
Puis les gueux en gueusant trouuent maintes delices,
Vn repos qui s'esgaye en quelque oysiueté.
Mais ie ne puis partir de me voir reietté;
C'est donc pourquoy si ieune abandonnât la France
I'allay vif de courage, & tout chaud d'esperance
En la cour d'vn Prelat, qu'auec mille dangers
I'ay suiuy Courtisan aux païs estrangers.
I'ay changé mon humeur, alteré ma nature
I'ay beau chaud, mangé froid, i'ay couché sur la dure,

Satyre II.

Ie l'ay sans le quitter à toute heure suiuy,
Donnant ma liberté ie me suis asseruy,
En public à l'Eglise, à la chambre, à la table,
Et pense auoir esté maintefois agreable.
   Mais instruict par le temps à la fin i'ay connu
Que la fidelité n'est pas grand reuenu,
Et qu'à mon temps perdu sans nulle autre esperance
L'honneur d'estre suiect tient lieu de recompense
N'ayant autre interest de dix ans ia passez.
Sinon que sans regret ie les ay despensez.
Puis ie sçay quant a luy qu'il a l'ame Royalle,
Et qu'il est de Nature & d'humeur liberalle.
Mais, ma foy, tout son bien enrichir ne me peut,
Ny domter mon malheur si le Ciel ne le veut.
C'est pourquoy sans me plaindre en ma desconuenuë
Le malheur qui me suit, ma foy ne diminuë,
Et rebuté du sort ie m'asseruy pourtant,
Et sans estre auancé ie demeure contant
Sçachant bien que fortune est ainsi qu'vne louue
Qui sans choix s'abandonne au plus laid qu'elle
   trouue
Qui releue vn pedant, de nouueau baptisé,
Et qui par ses larcins se rend authorisé
Qui le vice annoblit, & qui tout au contraire
Raualant la vertu la confinne en misere.
Et puis ie m'iray plaindre apres ces gens icy?
Non, l'exemple du temps n'augmente mon soucy.

Et bien qu'elle ne m'ait sa faueur departie
Ie n'entend, quand à moy de la prendre à partie:
Puis que selon mon goust son infidelité
Ne donne & n'oste rien à la felicité.
Mais que veux-tu qu'on face en ceste humeur austere?
Il m'est comme aux putains mal-aisé de me taire.
Il m'en faut discourir de tort & de trauers
Puis souuent la colere engendre de bons vers.

Mais, Comte, que sçait-on? elle est peut estre sage,
Voire auecque raison, inconstante, & volage,
Et Déesse auisee aux biens qu'elle depart,
Les adiuge au merite, & non point au hazard.
Puis l'on voit de son œil, l'on iuge de sa teste,
Et chacun en son dire a droict en sa requeste:
Car l'amour de soy-mesme, & nostre affection,
Adiouste auec usure à la perfection.
Tousiours le fond du sac ne vient en euidence,
Et bien souuent l'effet contredit l'apparence,
De Socrate à ce point l'oracle est my-party,
Et ne sçait-on au vray qui des deux a menty.
Et si philosophant le ieune Alcibiade
Comme son Cheualier en reçeut l'accolade.

Il n'est à decider rien de si mal-aisé,
Que souz vn sainct habit le vice desguisé.
Par ainsi i'ay donc tort, & ne doy pas me plaindre,
Ne pouuant par merite autrement la contraindre,

SATYRE II.

A me faire du bien, ny de me departir,
Autre chose à la fin sinon qu'vn repentir.
  Mais quoy, qui feroit-on, puis qu'on ne s'ose pen-
    dre?
Encor faut il auoir quelque chose ou se prendre,
Qui flatte en discourant le mal que nous sentons.
Or laissant tout cecy retourne à nos moutons,
Muse, & sans varier dy nous quelque sornettes,
De tes enfans bastards ces tiercelets des Poëtes;
Qui par les carrefours vont leurs vers grimassans,
Qui par leurs actions font rire les passans,
Et quand la faim les poind se prenant sur le vostre
Comme les estourneaux ils s'affament l'vn l'autre.
  Cependant sans souliers, ceinture, ny cordon,
L'œil farouche, & troublé l'esprit à l'abandon,
Vous viennent acoster comme personnes yures,
Et disent pour bon-iour, Monsieur ie fais des liures,
On les vend au Palais, & les Doctes du temps
A les lire amusez, n'ont autre passe-temps.
  De là sans vous laisser importuns ils vous suiuent,
Vous alourdent de vers, d'alaigresse vous priuent,
Vous parlent de fortune, & qu'il faut acquerir
Du credit, de l'honneur, auant que de mourir.
Mais que pour leur respect l'ingrat siecle ou nous
    sommes,
Au prix de la vertu n'estiment point les hommes;
Que Ronsard, du Bellay, viuants ont eu du bien;

Et que c'est honte au Roy de ne leur donner rien,
Puis sans qu'on les conuie ainsi que venerables,
S'assießent en Prelats les premiers à vos tables,
Où le caquet leur manque, & des dents discourant:
Semblent, auoir des yeux, regret au demeurant.

   Or la table leuee ils curent la machoire:
Apres graces Dieu beut' ils demandent à boire,
Vous font vn sot discours, puis au partir de là,
Vous disent, mais Monsieur, me donnez-vous cela,
C'est tousiours le refrein qu'ils font à leur balade,
Pour moy ie n'en voy point que ie n'en sois malade,
I'en perds le sentiment du corps tout mutilé,
Et durant quelque iours i'en demeure opilé.

   Vn autre renfrongné, resueur, melancolique,
Grimaßant son discours semble ouoir la colique,
Suant, crachant, toußant, pensant venir au point:
Parle si finement que l'on ne l'entend point.

   Vn autre ambitieux pour les vers qu'il compose,
Quelque bon benefice en l'esprit se propose,
Et deßus vn cheual, comme vn singe attaché
Meditant vn Sonnet, medite vn Euesché.

   Si quelqu'vn comme moy leurs ouurages n'estime,
Il est lourd, ignorant, il n'ayme point la rime,
Difficile, hargneux, de leur vertu ialoux,
Contraire en iugement, au commun bruit de tous,
Que leur gloire il desrobe, auec ses artifices.

SATYRE II.

Les Dames cependant se fondent en delices
Lisant leurs beaux escrits, & de iour, & de nuict
Les ont au cabinet souz le cheuet du lict,
Que portez à l'Eglise ils vallent des matines,
Tant selon leurs discours leurs œuures sont diuines.
 Encore apres cela ils sont enfants des Cieux,
Ils font iournellement catrousse auecq' les Dieux
Compagnons de Minerue, & consis en science,
Vn chacun d'eux pense estre vne lumiere en Frāce.
 Ronsard fay-m'en raison, & vous autres esprits
Que pour estre viuants en mes vers ie n'escrits.
Pouuez-vous endurer que ces rauques Cygalles
Esgallent leurs chansons à vos œuures Royalles,
Ayant vostre beau nom laschement dementy?
Hâ! c'est que nostre siecle est en tout peruerty:
Mais pourtant quel esprit entre tant d'insolence
Sçait trier le sçauoir d'auecque l'ignorance;
Le naturel de l'Art, & d'vn œil auisé
Voit qui de Calliope est plus fauorisé.
 Iuste posterité à tesmoin ie t'apelle,
Toy qui sans passion, maintiēs l'œuure immortelle,
Et qui selon l'esprit, la grace, & le sçauoir,
De race en race au peuple vn ouurage fait voir,
Venge ceste querelle, & iustement separe
Du Cigne d'Apollon la corneille barbare
Qui croassant par tout d'vn orgueil effronté
Ne couche de rien moins de l'immortalité.

Mais Comte que sert-il d'en entrer en colere,
Puis que le temps le veut nous n'y pouuõs rien faire,
Il faut rire de tout, aussi bien ne peut-on
Changer chose en Virgile, ou bien l'autre en Platon.
   Quel plaisir penses-tu, que dans l'ame ie sente,
Quand l'vn de ceste trouppe en audace insolente,
Vient à Vanues à pied, pour grimper au coupeau
Du Parnasse François, & boire de son eau,
Que froidement reçeu, on l'escoute à grand peine,
Que la Muse en groignant luy deffend sa fontaine,
Et se bouchant l'oreille au recit de ses vers,
Tourne les yeux à gauche, & les lit de trauers,
Et pour fruit de sa peine aux grands vens dispersee,
Tous ses papiers seruir à la chaise percee?
   Mais comme eux ie suis Poëte, & sans discretion
Ie deuiens importun auec presomption.
   Il faut que la raison retienne le caprice,
Et que mon vers ne soit qu'ainsi qu'vn exercice
Qui par le iugement doit estre limité
Selon que le requiert, ou l'âge ou la santé.
   Ie ne sçay quel Demon m'a fait deuenir Poëte:
Ie n'ay comme ce Grec des Dieux grand interprete
Dormy sur Helicon, ou ces doctes mignons
Naissent en vne nuict comme les champignons
Si ce n'est que ces iours allant à l'aduenture
Resuant comme vn oyson allant à la pasture,
A Vanues i'arriuay, ou suiuant maint discours

On me

Satyre II.

On me fit au iardin faire cinq ou six tours,
Et comme vn Conclauiste entre dans le conclaue,
Le sommelier me prit, & m'enferme en la caue,
Ou beuuant & mengeant ie fis mon coup d'essay,
Et ou si ie sçay rien, i'apris ce que ie sçay.
    Voyla ce qui m'a fait & Poëte, & Satyrique
Reglant la mesdisance à la façon antique.
Mais à ce que ie voy s'impatisant d'humeur,
I'ay peur que tout à fait ie deuiendray rimeur,
I'entre sur ma loüange, & bouffy d'arrogance,
Si ie n'en ay l'esprit i'en auray l'insolence.
Mais retournons à nous, & sage deuenus
Soyons à leurs despens vn peu plus retenus.
    Or Comte, pour finir ly doncq' ceste Satyre,
Et voy ceux de ce temps que ie pince sans rire,
Pendant qu'à ce printemps retournant à la Cour
I'iray reuoir mon maistre, & luy dire bon-iour.

FIN.

A MONSIEVR LE MARQVIS DE COEVVRES.

SATYRE. III.

arquis, que doy-ie faire en ceste in-
certitude,
Dois-ie las de courir me remettre à
l'estude,
Lire Homere, Aristote, & disciple nouueau
Glaner ce que les Grecs ont de riche, & de beau,
Reste de ces moissons que Ronsard, & des-Portes,
Ont remporté du champ sur leurs espaules fortes,
Qu'ils ont comme leur propre en leur grāge entassé,
Esgallant leurs honneurs, aux honneurs du passé?
Ou si continuant à courtiser mon maistre,
Ie me doy iusqu'au bout d'esperance repaistre,
Courtisan morfondu, frenetique, & resueur,
Portrait de la disgrace, & de la defaueur,
Puis sans auoir du bien troublé de resuerie

SATYRE III.

Mourir dessus vn coffre en vne hostellerie,
En Toscane, en Sauoye, ou dans quelque autre lieu,
Sans pouuoir faire paix, ou trefue auecques Dieu.
Sans parler ie t'entends il faut suiure l'orage
Aussi bien on ne peut ou choisir auantage.
Nous viuons à tastons, & dans ce monde icy
Souuent auecq' trauail on poursuit du soucy:
Car les Dieux courroucez contre la race humaine
Ont mis auecq' les biens, la sueur & la peine.
Le monde est vn berlan ou tout est confondu:
Tel pense auoir gaigné qui souuent a perdu
Ainsi qu'en vne blanque ou par hasard on tire,
Et qui voudroit choisir souuent prendroit le pire.
Tout despend du destin, qui sans auoir esgard
Les faueurs, & les biens, en ce monde depart.
   Mais puis qu'il est ainsi que le sort nous emporte,
Qui voudroit se bander contre vne loy si forte?
Suiuons doncq' sa conduite en cet aueuglement.
Qui peche auecq' le Ciel peche honorablement.
Car penser s'affranchir c'est vne resuerie,
La liberté par songe en la terre est cherie:
Rien n'est libre en ce monde & chaque homme de-
   pend
Comtes, Princes, Sultãs, de quelque autre plus grãd.
Tous les hommes viuants sont icy bas esclaues
Mais suiuant ce qu'ils sont ils different d'entraues
Les vns les portent d'or, & les autres de fer:

                    B ij

A MONSIEVR LE MARQVIS DE COEVVRES.

SATYRE. III.

Arquis, que doy-ie faire en ceste in-
certitude;
Dois-ie las de courir me remettre à
l'estude,
Lire Homere, Aristote, & disciple nouueau
Glaner ce que les Grecs ont de riche, & de beau,
Reste de ces moissons que Ronsard, & des-Portes,
Ont remporté du champ sur leurs espaules fortes,
Qu'ils ont comme leur propre en leur grãge entassé,
Esgallant leurs honneurs, aux honneurs du passé?
Ou si continuant à courtiser mon maistre,
Ie me doy iusqu'au bout d'esperance repaistre,
Courtisan morfondu, frenetique, & resueur,
Portrait de la disgrace, & de la defaueur,
Puis sans auoir du bien troublé de resuerie

SATYRE III.

Mourir deſſus vn coffre en vne hoſtellerie,
En Toſcane, en Sauoye, ou dans quelque autre lieu,
Sans pouuoir faire paix, ou trefue auecques Dieu.
Sans parler ie t'entends il faut ſuiure l'orage
Auſſi bien on ne peut ou choiſir auantage.
Nous viuons à taſtons, & dans ce monde icy
Souuent auecq' trauail on pourſuit du ſoucy:
Car les Dieux courroucez contre la race humaine
Ont mis auecq' les biens, la ſueur & la peine.
Le monde eſt vn berlan ou tout eſt confondu:
Tel penſe auoir gaigné qui ſouuent a perdu
Ainſi qu'en vne blanque ou par haſard on tire,
Et qui voudroit choiſir ſouuent prendroit le pire.
Tout deſpend du deſtin, qui ſans auoir eſgard
Les faueurs, & les biens, en ce monde depart.

  Mais puis qu'il eſt ainſi que le ſort nous emporte,
Qui voudroit ſe bander contre vne loy ſi forte?
Suiuons doncq' ſa conduite en cet aueuglement.
Qui peche auecq' le Ciel peche honorablement.
Car penſer s'affranchir c'eſt vne reſuerie,
La liberté par ſonge en la terre eſt cherie:
Rien n'eſt libre en ce monde & chaque homme de-
    pend
Comtes, Princes, Sultãs, de quelque autre plus grãd.
Tous les hommes viuants ſont icy bas eſclaues
Mais ſuiuant ce qu'ils ſont ils different d'entraues
Les vns les portent d'or, & les autres de fer:

B ĳ

Mais n'en deplaiſe aux vieux, ny leur Philoſophe,
Ny tant de beaux eſcrits, qu'on lit en leurs eſcoles
Pour s'affranchir l'eſprit ne ſont que des paroles.

 Au ioug nous ſommes nez, & n'a iamais eſté
Homme qu'on ait veu viure en plaine liberté.

 En vain me retirant enclos en vne eſtude
Penſeroy-ie laiſſer le ioug de ſeruitude,
Eſtant ſerf du deſir, d'aprendre, & de ſçauoir :
Ie ne ferois ſinon que changer de deuoir.
C'eſt l'arreſt de nature, & perſonne en ce monde
Ne ſçauroit controler ſa ſageſſe profonde.

 Puis que peut-il ſeruir aux mortels icy bas,
Marquis d'eſtre ſçauant, ou de ne l'eſtre pas?
Si la ſcience pauure, affreuſe & meſpriſee
Sert au peuple de fable, aux plus grands de riſee;
Si les gens de Latin, des ſots ſont denigrez
Et ſi l'on n'eſt Docteur ſans prendre ſes degrez
Pourueu qu'on ſoit morguant, qu'on bride ſa mou-
  ſtache   *nache,*
Qu'on friſe ſes cheueux, qu'on porte vn grand pan-
Qu'on parle baragoüyn, & qu'on ſuiue le vent :
En ce temps du iourd'huy l'on n'eſt que trop ſçauãt

 Du ſiecle les mignons, fils de la poulle blanche
Ils tiennent à leur gré la fortune en la manche,
En credit eſleuez ils diſpoſent du tout,
Et n'entreprennẽt rien qu'ils n'en viennent à bout.
Mais quoy, me diras-tu, il t'en faut autant faire,

Satyre III.

Qui ose à peu souuent la fortune contraire:
Importune le Louure, & de iour, & de nuict
Perds pour t'assuiettir & la table, & le lict:
Soit entrant effronté, & sans cesse importune.
En ce temps l'impudence esleue la fortune.

   Il est vray, mais pourtant ie ne suis point d'auis
De desgager mes iours pour les rendre asseruis,
Et souz vn nouuel astre aller nouueau Pilotte
Conduire en autre mer, mon nauire qui flotte.
Entre l'espoir du bien, & la peur du danger,
De froisser mon attente, en ce bord estranger.

   Car pour dire le vray c'est vn pays estrange,
Ou comme vn vray Prothée à toute heure on se change,
Ou les loix par respect sages humainement,
Confondent le loyer auecq' le chastiment,
Et pour vn mesme fait de mesme intelligence
L'vn est iusticié, l'autre aura recompence.

   Car selon l'interest, le credit, ou l'appuy
Le crime se condamne, & s'absout auiourd'huy.
Ie le dy sans confondre en ces aigres remarques
La clemence du Roy, le miroir des Monarques,
Qui plus grand de vertu, de cœur & de renom.
S'est acquis de Clement, & la gloire, & le nom.

   Or quant à ton conseil qu'à la Cour ie m'engage
Ie n'en ay pas l'esprit, non plus que le courage.
Il faut trop de sçauoir, & de ciuilité,

B iij

Et si i'ose en parler trop de subtilité,
Ce n'est pas mon humeur, ie suis melancolique,
Ie ne suis point entrant, ma façon est rustique,
Et le surnom de bon me va tout reprochant,
D'autant que ie n'ay pas l'esprit d'estre meschant.
  Et puis ie ne sçaurois me forcer ny me faindre,
Trop libre en volonté ie ne me puis contraindre.
Ie ne sçaurois flater, & ne sçay point comment
Il faut se taire accort, ou parler faussement,
Benir les fauoris de geste, & de parolles,
Parler de leurs ayeux, au iour de Cerizolles,
Des hauts faits de leur race, & comme ils ont acquis
Ce titre auecq' honneur de Ducs, & de Marquis
  Ie n'ay point tant d'esprit pour tant de menterie:
Ie ne puis m'adonner à la cageollerie:
Selon les accidents, les humeurs ou les iours,
Changer comme d'habits tous les mois de discours.
Suiuant mon naturel ie hay tout artifice,
Ie ne puis desguiser, la vertu, ny le vice,
Offrir tout de la bouche, & d'vn propos menteur,
Dire pardieu, Monsieur, ie vous suis seruiteur,
Pour cent bonadiez s'arrester an la ruë,
Faire sus l'vn des pieds en la sale la gruë
Entendre vn marjollet qui dit auecq' mespris
Ainsi qu'asnes, ces gens sont tous vestus de gris,
Ces autres verdelets aux perroquets ressemblent,
Et ceux-cy mal peignez deuant les Dames treblent.

Puis au partir de là comme tourne le vent
Auecques vn bon-iour amis comme deuant.

Ie n'entēds point le cours du Ciel, ny des planetes,
Ie ne sçay deuiner les affaires secretes,
Connoistre vn bon visage, & iuger si le cœur
Contraire à ce qu'on voit ne seroit point mocqueur.

De porter vn poullet ie n'ay la suffisance,
Ie ne suis point adroit, ie n'ay point d'eloquence
Pour colorer vn fait, ou destourner la foy,
Prouuer qu'vn grand amour n'est suiect à la loy,
Suborner par discours vne femme coquette,
Luy conter des chansons de Icanne, & de Paquette,
Desbaucher vne fille, & par viues raisons
Luy monstrer comme Amour fait les bōnes maisons,
Les maintient, les esleue, & propice aux plus belles
En honneur les auance, & les fait Damoyselles,
Que c'est pour leur beaux nez que se font les ballets,
Qu'elles sont le suiect des vers, & des poullets,
Que leur nom retentit dans les airs que l'on chante,
Qu'elles ont à leur suite vne trouppe beante
De langoureux transis, & pour le faire court
Dire qu'il n'est rien tel qu'aymer les gens de Court.
Aleguant maint exēple en ce siecle ou nous sommes,
Qu'il n'est rien si facile a prendre que les hommes,
Et qu'on ne s'enquiert plus s'elle à fait le pourquoy,
Pourueu qu'elle soit riche, & qu'elle ait bien dequoy.
Quand elle auroit suiuy le camp à la Rochelle

B iiij

S'elle a force ducats elle est toute pucelle.
L'honneur estropié, languissant, & perclus,
N'est plus rien qu'vn idole en qui l'on ne croit plus.
　Or pour dire cecy il faut force mistere,
Et de mal discourir il vaut bien mieux se taire.
Il est vray que ceux-là qui n'ont pas tant d'esprit
Peuuent mettre en papier leur dire par escrit,
Et rendre par leurs vers, leur Muse maquerelle;
Mais pour dire le vray ie n'en ay la ceruelle.
　Il faut estre trop prompt, escrire à tous propos
Perdre pour vn Sonnet, & sommeil, & repos.
Puis ma Muse est trop chaste,& i'ay trop de courage,
Et ne puis pour autruy façonner vn ouurage
Pour moy i'ay de la court autāt comme il m'en faut:
Le vol de mon dessein ne s'estend point si haut:
De peu ie suis content, encore que mon maistre
S'il luy plaisoit vn iour mon trauail reconnoistre
Peut autant qu'autre Prince, & a trop de moyen
D'esleuer ma fortune & me faire du bien,
Ainsi que sa Nature a la vertu facile
Promet que mon labeur ne doit estre inutile,
Et qu'il doit quelque iour mal-gré le sort cuisant
Mon seruice honorer d'vn honneste presant,
Honneste,& conuenable à ma basse fortune,
Qui n'abaye, & n'aspire ainsi que la commune
Apres l'or du Perou, ny ne tend aux honneurs,
Que Rome departit aux vertus des Seigneurs.

SATYRE III.

Que me sert de m'asseoir le premier à la table,
Si la faim d'en auoir me rend insatiable?
Et si le faix leger d'une double Euesché
Me rendant moins contant me rend plus empesché?
Si la gloire, & la charge à la peine adonnee
Rend souz l'ambition mon ame infortunee?
Et quand la seruitude a pris l'homme au colet
J'estime que le Prince est moins que son valet,
C'est pourquoy ie ne tends à fortune si grande:
Loin de l'ambition, la raison me commande:
Et ne pretends auoir autre chose sinon,
Qu'vn simple benefice, & quelque peu de nom;
Afin de pouuoir viure, auec quelque asseurance,
Et de m'oster mon bien, que l'on ait conscience.

Alors vrayment heureux les liures feüilletant
Ie rendrois mon desir, & mon esprit contant.
Car sans le reuenu l'estude nous abuse,
Et le corps ne se paist aux banquets de la Muse,
Ses mets sont de sçauoir discourir par raison,
Comme l'ame se meut vn temps en sa prison,
Et comme deliuree elle monte diuine
Au Ciel lieu de son estre, & de son origine,
Comme le Ciel mobile esternel en son cours
Fait les siecles, les ans, & les mois, & les iours,
Comme aux quatre eslements, les matieres encloses,
Donnent comme la mort la vie à toutes choses.

Comme premierement les hommes difperfez,
Furent par l'armonie, en troupes amaffez,
Et comme la malice en leur ame gliffée,
Troubla de nos ayeux l'innocente pensée,
D'où n'aquirent les loix, les bourgs, & les citez,
Pour feruir de gourmette à leurs mefchancetez,
Comme ils furent en fin reduits fous vn Empire,
Et beaucoup d'autre plats qui feroyent longs à dire,
Et quand on en fçauroit ce que Platon en fçait,
Marquis tu n'en ferois plus gras, ny plus refait.

 Car c'est vne viande en efprit confommée,
Legere à l'eftomach, ainfi que la fumée :
Sçais tu pour fçauoir bien, ce qu'il nous faut fçauoir ?
C'eft s'affiner le gouft de cognoiftre, & de voir,
Apprendre dans le monde & lire dans la vie,
D'autres fecrets plus fins que de Philofophie,
Et qu'auecq' la fcience il faut vn bon efprit.

 Or entends à ce point ce qu'vn Grec en efcrit,
Iadis vn loup dit-il, que la faim efpoinçonne
Sortant hors de fon fort rencontre vne Lionne
Rugiffante à l'abort, & qui montroit aux dents
L'infatiable faim qu'elle auoit au dedans :
Furieufe elle approche, & le loup qui l'aduife,
D'vn langage flateur luy parle & la courtife :
Car fe fut de tout temps que ployant fous l'effort,
Le petit cede au grand, & le foible au plus fort.

SATYRE III.

Luy di-ie qui craignoit que faute d'autre proye,
La beste l'attaquast, ses ruses il employe.
Mais en fin le hazard si bien le secourut,
Qu'vn mulet gros, & gras à leurs yeux apparut,
Ils cheminent dispos croyant la table preste,
Et s'approchent tous deux assez pres de la beste,
Le loup qui la cognoist, malin, & deffiant,
Luy regardant aux pieds luy parloit en riant:
D'où es-tu? qui et-tu? quelle est ta nourriture?
Ta race, ta maison, ton maistre, ta nature?
Le mulet estonné de ce nouueau discours
De peur ingenieux, aux ruses eut recours,
Et comme les Normans sans luy respondre voire,
Compere, ce dit-il, ie n'ay point de memoire,
Et comme sans esprit, ma grande merc me vit,
Sans m'en dire autre chose au pied me l'escriuit.

Lors il leue la iambe au iaret ramassée,
Et d'vn œil innocent il couuroit sa pensée,
Se tenant suspendu sur les pieds en auant:
Le loup qui l'apperçoit se leue de deuant,
S'excusant de ne lire auecq' ceste parolle,
Que les loups de son temps n'alloyent point à l'écolle:
Quand la chaude lionne à qui l'ardante faim,
Alloit precipitant la rage, & le dessein,
S'approche plus sçauante en volonté de lire,
Le mulet prend le temps, & du grand coup qu'il tire

Luy enfonce la teste, & d'vne autre façon,
Qu'elle ne sçauoit point luy aprit sa leçon.
  Alors le loup s'enfuit voyant la beste morte,
Et de son ignorance ainsi se reconforte:
N'en desplaise aux Docteurs, Cordeliers, Iacobins,
Pardieu les plus grands Clercs ne sont pas les plus
  fins.

F I N.

A MONSIEVR
MOTIN.

SATYRE IIII.

 Otin la Muse est morte, ou la faueur
pour elle:
En vain dessus Parnasse Apollon on
appelle,
En vain par le veiller on acquiert du sçauoir,
Si fortune s'en mocque, & s'on ne peut auoir,
Ny honneur, ny credit non plus que si nos peines
Estoient fables du peuple inutiles, & veines.
   Or va romps toy la teste, & de iour & de nuit
Pallis dessus vn liure à l'appetit d'vn bruit
Qui nous honore apres que nous sommes souz terre,
Et de te voir paré de trois brins de lierre,
Comme s'il importoit estans ombres là bas,
Que nostre nom vescust ou qu'il ne vescust pas,
Honneur hors de saison, inutile merite
Qui viuants nous trahit, & qui morts nous profite,

Sans soin de l'auenir ie te laisse le bien
Qui vient à contre-poil à lors qu'on ne sent rien.
Puis que viuant icy de nous on ne fait conte,
Et que nostre vertu engendre nostre honte.

 Doncq' par d'autres moyens à la Cour familiers
Par vice, ou par vertu acquerons dès lauriers,
Puis qu'en ce monde icy on n'en fait difference;
Et que souuent par l'vn l'autre se recompense
Aprenons à mentir, mais d'vne autre façon.
Que ne fait Caliope ombrageant sa chanson,
Du voille d'vne fable, à fin que son mistere
Ne soit ouuert à tous, ny cogneu du vulgaire.

 Apprenons à mentir, nos propos deguiser,
A trahir nos amis, nos ennemis baiser
Faire la cour aux grands, & dans leurs anti-cham-
 brès,
Le chapeau dans la main, nous tenir sur nos mëbres,
Sans oser ny cracher, ny toussir, ny s'asseoir,
Et nous couchant au iour, leur donner le bon-soir.
Car puis que la fortune aueuglement dispose
Du tout, peut estre en fin aurons nous quelque chose,
Qui pourra destourner l'ingrate aduersité,
Par vn bien incertain à tastons debité;
Comme ces Courtisants qui s'en faisant accroire,
N'on point d'autre vertu sinon de dire voire.

 Or laissons doncq' la Muse, Apollon, & ses vers,
Laissons le luth, la lyre, & ces outils diuers;

SATYRE IIII.

Dont Apollon nous flatte, ingrate frenesie,
Puis que pauure & quémande on voit la poësie,
Ou i'ay par tant de nuicts mon trauail occupé,
Mais quoy ie te pardonne, & si tu m'as trompé
La honte en soit au siecle, ou viuant d'age en age
Mon exemple rendra quelqu'autre esprit plus sage.

 Mais pour moy mon amy ie suis fort mal-payé,
D'auoir suiuy cet Art, si i'eusse estudié,
Ieune laborieux sur vn banc à l'escolle,
Galien, Hipocrate, ou Iason, ou Bartolle
Vne cornette au col debout dans vn parquet,
A tort & à trauers ie vendrois mon caquet,
Ou bien tastans le poulx, le ventre & la poictrine,
I'aurois vn beau teton pour iuger d'vne vrine,
Et me prenant au nez loûcher dans vn bassin,
Des ragousts qu'vn malade offre à son Medecin,
En dire mon aduis, former vne ordonnance,
D'vn rechape s'il peut, puis d'vne reuerence,
Contre faire l'honneste, & quand viêdroit au point,
Dire en serrant la main, Dame il n'en falloit point.

 Il est vray que le Ciel qui me regarda naistre.
S'est de mon iugement tousiours rendu le maistre,
Et bien que ieune enfant mon pere me tançast,
Et de verges souuent mes chansons menaçast,
Me disant de despit, & bouffy de colere,
Badin quitte ces vers, & que penses-tu faire?
La Muse est inutile, & si ton oncle à sceu,

SATYRE IIII.

S'auancer par cet Art tu t'y verras deceu.

Vn mesme astre tousiours n'esclaire en ceste terre:
Mars tout ardant de feu nous menace de guerre,
Tout le monde fremit, & ces grands mouuements,
Couuent en leurs fureurs de piteux changements.

Pense-tu que le luth, & la lyre des Poëtes
S'accorde d'harmonies auecques les trompetes,
Les fiffres, les tambours, le canon, & le fer,
Concert extrauaguant des musiques d'enfer.
Toute chose a son regne, & dans quelques annees,
D'vn autre œil nous verrons les fieres destinees.

Les plus grands de ton tẽps dans le sang aguerris,
Comme en Trace seront brutalement nourris,
Qui rudes n'aymeront la lyre de la Muse,
Non plus qu'vne viélle ou qu'vne cornemuse.
Laisse donc ce mestier, & sage prens le soin
De t'acquerir vn Art qui te serue au besoin.

Ie ne sçay mon amy par quelle prescience,
Il eut de nos destins si claire connoissance,
Mais pour moy ie sçay bien que sans en faire cas,
Ie mesprisois son dire, & ne le croyois pas,
Bien que mon bon Demon souuẽt me dist le mesme:
Mais quand la passion en nous est si extresme,
Les aduertissements n'ont ny force ny lieu:
Et l'homme croit à peine aux parolles d'vn Dieu.

Ainsi me tançoit-il d'vne parolle esmeuë.
Mais comme en se tournant ie le perdoy de veuë
Ie perdy

SATYRE IIII.

Ie perdy la memoire auecques ses discours,
Et resueur m'esgaray tout seul par les destours,
Des Antres & des Bois affreux & solitaires,
Ou la Muse en dormant m'enseignoit ses misteres,
M'aprenoit des secrets & m'eschauffant le sein,
De gloire & de renom releuoit mon dessein.
Inutile science, ingrate, & mesprisee,
Qui sert de fable au peuple,& aux grands de risee.

Encor' seroit-ce peu si sans estre auancé,
L'on auoit en cet Art son age despensé,
Apres vn vain honneur que le temps nous refuse,
Si moins qu'vne putain l'on n'estimoit la Muse,
Eusse-tu plus de feu, plus de soin, & plus d'Art,
Que Iodelle n'eut oncq', des-Portes, ny Ronsard,
L'on te fera la mouë, & pour fruict de ta peine,
Ce n'est ce dira t'on qu'vn Poëte à la douzaine.

Car on n'a plus le goust comme on l'eut autrefois,
Apollon est gesné par des sauuages loix,
Qui retiennent souz l'Art sa nature offusquee,
Et de mainte figure est sa beauté masquee,
Si pour sçauoir former quatre vers empoullez
Faire tonner des mots mal ioincts & mal collez,
Amy l'on estoit Poëte, on verroit (cas estranges)
Les Poëtes plus espois que mouches en vendanges.

Or que dés ta ieunesse Apollon t'ait apris,
Que Caliope mesme ait tracé tes escris,
Que le neueu d'Atlas les ait mis sur la lyre,

C

SATYRE IIII.

Qu'en l'autre Thespean ont ait deigné les lire
Qu'ils tiennent du sçauoir de l'antique leçon,
Et qu'ils soyent imprimez des mains de Patisson,
Si quelqu'un les regarde & ne leur sert d'obstacle,
Estime mon amy que c'est vn grand miracle.

    L'on a beau faire bien, & semer ses escris
De ciuette, bain joinz, de musc, & d'ambre gris
Qu'ils soyent pleins releuez & graues à l'oreille
Qu'ils facent sourciller les doctes de merueille,
Ne pense pour cela estre estimé moins fol,
Et sans argent contant, qu'on te preste vn licol,
N'y qu'on n'estime plus (humeur extrauagante)
Vn gros asne pourueu de mille escus de rente.

    Ce malheur est venu de quelques ieunes veaux
Qui mettent a l'encan l'honneur dans les bordeaux,
Et raualant Phœbus, les Muses, & la grace,
Font vn bouchon à vin du laurier de Parnasse,
A qui le mal de teste est commun & fatal,
Et vont bisarement en poste en l'hospital,
Disant s'on n'est hargneux, & d'humeur difficille,
Que l'on est mesprisé de la trouppe ciuille,
Que pour estre bon Poëte il faut tenir des fous,
Et desirent en eux, ce qu'on mesprise en tous,
Et puis en leur chanson sottement importune,
Ils accusent les grands, le Ciel, & la fortune,
Qui fustez de leurs vers en sont si rebattus,
Qu'ils ont tiré cet' art du nombre des vertus.

SATYRE IIII.

Tiennent à mal d'esprit leurs chansons indiscrettes
Et les mettent au ranc des plus vaines sornettes.
  Encore quelques grands afin de faire voir,
De Mæcene riuaux qu'ils ayment le sçauoir,
Nous voyent de bon œil, & tenant vne gaule,
Ainsi qu'à leurs cheuaux nous en flattent l'espaule,
Auecque bonne mine, & d'vn langage doux,
Nous disent souriant, & bien que faictes vous?
Auez vous point sur vous quelque chansõ nouuelle?
I'en vy ces iours passez de vous vne si belle,
Que c'est pour en mourir, ha ma foy ie voy bien,
Que vous ne m'aimez plus, vous ne me dõnez rien.
  Mais on lit à leurs yeux & dans leur contenance,
Que la bouche ne parle ainsi que l'ame pense,
Et qui c'est mon amy vn grimoire & des mots
Dont tous les Courtisants endorment les plus sots.
  Mais ie ne m'aperçoy que trenchant du preud'-
    homme,
Mon temps en cent caquets sottement ie consomme,
Que mal instruit ie porte en Broüage du sel,
Et mes coquilles vendre à ceux de sainct Michel.
  Doncq' sans mettre enchere aux sottises du mõde,
Ny gloser les humeurs de Dame Fredegonde,
Ie diray librement pour finir en deux mots;
Que la plus part des gens sont habillez en sots.

F I N.

A MONSIEVR BERTAVLT EVES-QVE DE SÉES.

SATYRE V.

Ertault c'est vn grād cas quoy que l'on puisse faire,
Il n'est moyen qu'vn homme à chacun puisse plaire
Et fust-il plus parfait que la perfection.
L'homme voit par les yeux de son affection,
Chasque fat à son sens dont sa raison s'escrime,
Et tel blasme en autruy ce dequoy ie l'estime,
Tout suiuant l'intelect change d'ordre & de rang,
Les Mores auiourd'huy peignent le Diable blanc,
Le sel est doux aux vns; le succre amer aux autres,
L'on reprēd tes humeurs ainsi qu'on fait les nostres,
Les Critiques du temps m'apellent desbauché,
Que ie suis iour & nuict aux plaisirs attaché,
Que i'y perds mon esprit, mon ame & ma ieunesse,

SATYRE V.

Les autres au rebours accusent ta sagesse,
Et ce hautain desir qui te fait mespriser,
Plaisirs, tresors, grandeurs pour t'immortaliser,
Et disent, ô chetifs, que mourant sur vn liure,
Pensez seconds Phœnix en vos cendres reuiure,
Que vous estes trompez en vostre propre erreur,
Car & vous & vos vers viuez par Procureur.

Vn liuret tout moysi vit pour vous, & encore
Comme la mort vous fait, la taigne vous deuore,
Ingrate vanité dont l'homme se repaist,
Qui baille apres vn bien qui sottement luy plaist.

Ainsi les actions aux langues sont suiettes,
Mais ces diuers rapports sont de foibles sagettes,
Qui blecent seulement ceux qui sont mal armez,
Non pas les bons esprits à vaincre accoustumez,
Qui sçauent auisez auecq' difference,
Separer le vray bien du fard de l'apparence.

C'est vn mal biē estrāge au cerueaux des humains
Qui suiuant ce qu'ils sont malades ou plus sains,
Digerent leur viande, & selon leur nature,
Ils prennent ou mauuaise ou bonne nourriture.

Ce qui plaist à l'œil sein offense vn chassieux,
L'eau se iaunit en bile au corps du bilieux,
Le sang d'vn Hydropique en pituite se change,
Et l'estomach gasté pourrit tout ce qu'il mange,
De la douce liqueur rosoyante du Ciel,
L'vne en fait le venim, & l'autre en fait le miel

SATYRE V.

Ainsi c'est la nature, & l'humeur des personnes,
Et non la qualité qui rend les choses bonnes.
  Charnellement se ioindre auecq: sa paranté,
En France c'est inceste, en Perse charité,
Tellement qu'à tout prendre en ce monde ou nous
    sommes,
Et le bien, & le mal despend du goust des hommes.
  Or sans me tourmenter de diuers appetis,
Quels ils sõt aux plus grãds,& quels aux plus petis,
Ie te veux discourir comme ie trouue estrange,
Le chemin d'où nous vient le blasme, & la loüange,
Et comme i'ay l'esprit de Chimeres broüillé,
Voyant qu'vn More noir m'appelle barboüillé,
Que les yeux de trauers s'offencent que ie lorgne,
Et que les quinze vingts disent que ie suis borgne.
  C'est ce qui me desplaist encor que i'aye appris,
En mon philosopher d'auoir tout à mespris.
Penses-tu qu'à present vn homme à bonne grace,
Qui dans le four l'Euesque entherine sa grace,
Ou l'autre qui poursuit des abolitions,
De vouloir ietter l'œil dessus mes actions,
Vn traistre, vn vsurier, qui par misericorde,
Par argent, ou faueur s'est sauué de la corde,
Moy qui dehors sans plus ay veu le Chastelet,
Et qui iamais Sergent ne saisit au colet.
Qui vis selon les loix & me contiens de sorte
Que ie ne tremble point quãd on heurte à ma porte,

Voyant vn Preſident le cœur ne me treſſault,
Et la peur d'vn Preuoſt ne m'eſueille en ſurſault.
Le bruit d'vne recherche au logis ne m'arreſte,
Et nul remord faſcheux ne me trouble la teſte,
Ie repoſe la nuict ſur l'vn & l'autre flanc,
Et cependant, Bertault, ie ſuis deſſus le ranc.

Sçaurez du temps preſent, hipocrites ſeueres,
Vn Claude effrontement parle des adulteres,
Milon ſanglant encor reprend vn aſſaſſin,
Grache, vn ſeditieux, & Verres, le larcin.

Or pour moy tout le mal que leur diſcours m'objete,
C'eſt que mon humeur libre à l'amour eſt ſuiete
Que i'ayme mes plaiſirs, & que les paſſe-temps,
Des amours m'ont rendu griſon auant le temps,
Qu'il eſt bien mal-aiſé que iamais ie me change,
Et qu'à d'autres façons ma ieuneſſe ſe range.

Mon oncle m'a conté que monſtrant à Ronſard,
Tes vers eſtincelants & de lumiere, & d'Art,
Il ne ſceut que reprendre en ton apprentiſſage
Sinon qu'il te iugeoit pour vn Poëte trop ſage.

Et ores au contraire, on m'obiecte à peché,
Les humeurs qu'en ta Muſe il euſt bien recherché.
Auſſi ie m'eſmerueille au feu que tu recelles,
Qu'vn eſprit ſi raſis ait des fougues ſi belles,
Car ie tien comme luy que le chaud eſlement,
Qui donne ceſte pointe en cet entendement,
Dont la verue s'eſchauffe & s'enflame de ſorte,

SATYRE V.

Que ce feu dans le Ciel sur des aisles l'emporte,
Soit le mesme qui rend le Poëte ardant & chaud,
Suiect à ses plaisirs de courage si haut,
Qu'il mesprise le peuple, & les choses communes,
En brauant les faueurs se mocque des fortunes,
Qui le fait desbauché, frenetique refuant
Porter la teste basse, & l'esprit, dans le vent
Esgayer sa fureur parmy des precipices,
Et plus qu'à la raison suiect à ses caprices.
   Faut-il donq' à present s'estonner si ie suis
Enclin à des humeurs qu'esuiter ie ne puis,
Ou mon temperammēt mal-gré moy me transporte,
Et rend la raison foible ou la nature est forte,
Mais que ce mal me dure il est bien mal-aisé:
L'homme ne se plaist pas d'estre rousiours fraisé,
Chasque age a ses façons, & change de Nature,
De sept ans en sept ans nostre temperature;
Selon que le Soleil se loge en ses maisons,
Se tournent nos humeurs ainsi que nos saisons,
Toute chose en viuant auecq' l'age s'altere
Le desbauché se rid des sermons de son pere,
Et dans vingt & cinq ans venant à se changer,
Retenu, vigilant, soigneux, & mesnager,
De ces mesmes discours ses fils ils admonneste.
Qui ne font que s'en rire & qu'en hocher la teste,
Chasque age a ses humeurs, son goust, & ses plaisirs,
Et comme nostre poil blanchissent nos desirs.

SATYRE V.

Nature ne peut pas l'age en l'age confondre :
L'enfant qui sçait desia demander & respondre
Qui marque asseurément la terre de ses pas,
Auecque ses pareils se plaist en ses esbas,
Il fuit, il vient, il parle, il pleure, il saute d'aise,
Sans raison d'heure en heure, il s'esmeut, & s'apaise.

Croissant l'age en auant sans soin de gouuerneur
Releué, courageux, & cupide d'honneur,
Il se plaist aux cheuaux, aux chiens, à la cāpagne,
Facile au vice il hait les vieux, & les desdaigne,
Rude à qui le reprend paresseux à son bien,
Prodigue, despensier, il ne conserue rien,
Hautain, audacieux, conseiller de soy-mesme.
Et d'vn cœur obstiné se heurte à ce qu'il ayme.

L'age au soin se tournant homme fait il acquiert,
Des biens, & des amis, si le temps le requiert,
Il masque ses discours, comme sur vn theatre,
Subtil, ambitieux, l'honneur il idolatre,
Son esprit auisé preuient le repentir,
Et se garde d'vn lieu difficile à sortir.

Maints fascheux accidēs surprennent sa vieillesse,
Soit qu'auecq' du soucy gaignant de la richesse,
Il s'en deffend l'vsage, & craint de s'en seruir,
Que tant plus il en a, moins s'en peut assouuir,
Ou soit qu'auecq' froideur il face toute chose,
Imbecile, douteux, qui voudroit, & qui n'ose,
Dilayant, qui tousiours a l'œil sur l'auenir,

SATYRE V.

De leger il n'espere, & croit au souuenir,
Il parle de son temps, difficile & seuere,
Censurant la ieunesse vse des droicts de pere,
Il corrige, il reprend, hargneux en ses façons,
Et veut que tous ses mots soient autant de leçons.

Voyla doncq' de par Dieu comme tourne la vie,
Ainsi diuersement aux humeurs asseruie,
Que chasque age depart à chasque homme en viuãt,
De son temperamment la qualité suiuant,
Et moy qui ieune encor' en mes plaisirs m'esgaye.
Il faudra que ie change, & mal-gré que i'en aye
Plus soigneux deuenu, plus froid, & plus rassis,
Que mes ieunes pensers cedent aux vieux soucis,
Que i'en paye l'escot remply iusqu'à la gorge,
Et que i'en rende vn iour les armes à sainct George.

Mais de ces discoureurs il ne s'en trouue point,
Ou pour le moins bien peu qui cognoissent ce point,
Effrontez, ignorans, n'ayans rien de solide,
Leur esprit prend l'essor ou leur langue le guide,
Sans voir le fond du sac ils prononcent l'arrest,
Et rangent leurs discours, au point de l'interest,
Pour exemple parfaite ils n'ont que l'apparence,
Et c'est ce qui nous porte à ceste indifference
Qu'ensemble l'on confond le vice & la vertu,
Et qu'on l'estime moins qu'on n'estime vn festu.

Aussi qu'importe-il de mal ou de bien faire,
Si de nos actions vn Iuge volontaire,

SATYRE V.

Selon ses appetis les decide, & les rend
Dignes de recompense, ou d'vn supplice grand:
Si tousiours nos amis, en bon sens les expliquent,
Et si tout au rebours nos haineux nous en piquent,
Chacun selon son goust s'obstine en son party,
Qui fait qu'il n'est plus rien qui ne soit peruerty,
La vertu, n'est vertu, l'enuie la desguise,
Et de bouche sans plus le vulgaire la prise,
Au lieu du iugement, regnent les passions
Et donne l'interest, le prix, aux actions.

 Ainsi ce vieux resueur qui n'agueres à Rome
Gouuernoit vn enfant & faisoit le preud'homme,
Contre-caroit Caton, Critique en ses discours,
Qui tousiours rechignoit & reprenoit tousiours.
Apres que cet enfant s'est fait plus grand par l'age
Reuenant à la Cour d'vn si lointain voyage,
Ce Critique changeant d'humeurs & de cerueau,
De son pedant qu'il fut, deuient son maquereau.

 O gentille vertu qu'aisément tu te changes,
Non, non, ces actions meritent des loüanges,
Car le voyant tout seul qu'on le prenne à serment,
Il dira qu'icy bas l'homme de iugement,
Se doit accommoder au temps qui luy commande,
Et que c'est à la Cour vne vertu bien grande.
Doncq' la mesme vertu le dressant au poulet,
De vertueux qu'il fut le rend Dariolet,
Doncq' à si peu de fraiz, la vertu se profane,

SATYRE V.

Se desguise, se masque, & deuient courtisane,
Se trãsforme aux humeurs, suit le cours du marché,
Et dispence les gens de blasme & de peché.

 Peres des siecles vieux exemple de la vie
Dignes d'estre admirez d'vne honorable enuie,
(Si quelque beau desir viuoit encor' en nous)
Nous voyant de là-haut Peres qu'en dites-vous.
 Iadis de vostre temps la vertu simple & pure
Sans fard, sans fiction, imitoit sa nature,
Austere en ses façons, seuere en ses propos,
Qui dans vn labeur iuste esgayoit son repos,
D'hommes vous faisant Dieux vous paissoit d'Am-
  (brosie,
Et donnoit place au Ciel à vostre fantasie.
La lampe de son front par tout vous esclairoit,
Et de toutes fraycurs vos esprits asseuroit,
Et sans penser aux biens ou le vulgaire pense,
Elle estoit vostre prix & vostre recompense,
Ou la nostre auiourd'huy qu'on reuere icy bas,
Va la nuict dans le bal, & dance les cinq pas,
Se parfume, se frise, & de façons nouuelles
Veut auoir par le fard du nom entre les belles,
Fait creuer les courtaux en chassant aux forests:
Cour le faquin, la bague, escrime des fleurets:
Monte vn cheual de bois, fait dessus des pommades,
Talonne le Genet, & le dresse aux passades,
Chante des airs nouueaux, inuente des balets,

SATYRE V.

Sçait escrire, & porter, les vers, & les poulets,
A l'œil tousiours au guet, pour des tours de souplesse,
Glose sur les habits & sur la gentillesse,
Se plaist à l'entretien, commente les bons mots,
Et met à mesme prix, les sages, & les sots.

 Et ce qui plus encor' m'empoisonne de rage,
Est quand vn Charlatan releue son langage,
Et de coquin, faisant le Prince revestu,
Bastit vn Paranimphe à sa belle vertu,
Et qu'il n'est crocheteur n'y courtaut de boutique,
Qui n'estime à vertu l'art ou sa main s'aplique,
Et qui paraphrasant sa gloire, & son renom,
Entre les vertueux ne vueille auoir du nom.

 Voila comme a present chacun l'adulterise,
Et forme vne vertu comme il plaist à sa guise,
Elle est comme au marché dans les impressions,
Et s'adiugeant aux taux de nos affections,
Fait que par la caprice & non par le merite,
Le blasme, & la loüange au hazard se debite:
Et peut vn ieune sot, fuyuant ce qu'il conçoit,
Ou ce que par ses yeux, son esprit en reçoit,
Donner son iugement, en dire ce qu'il pense,
Et mettre sans respec nostre honneur en balance.
Mais puis que c'est le temps, mesprisant les rumeurs,
Du peuple, laisson là le monde en ces humeurs,
Et si selon son goust, vn chacun en peut dire,
Mon goust sera Bertault de n'en faire que rire.

FIN.

A MONSIEVR DE BETHVNE ESTANT AMBAS-SADEVR POVR SA MAIESTÉ à Rome.

SATYRE. VI.

Ethune si la charge ou ta vertu s'a-
muse,
Te permet escouter les chansons que la
Muse,
Dessus les bords du Tibre & du mont Palatin,
Me fait dire en François au riuage Latin,
Ou comme vn grand Hercule, à la poitrine large
Nostre Atlas de son faix sur ton dos se descharge,
Te commet de l'estat l'entier gouuernement,
Escoute ce discours tissu bigarrement,
Ou ie ne pretends point escrire ton histoire:
Ie ne veux que mes vers s'honorent en la gloire,
De tes nobles ayeux, dont les faits releuez,
Dans les cœurs des Flamants sont encore grauez,

SATYRE VI.

Qui tiennent à grandeur de ce que tes anceſtres
En armes glorieux furent iadis leurs maiſtres.
 Ny moins comme ton frere aydé de ta vertu,
Par force, & par conſeil, en France a combatu,
Ces auares Oyſeaux dont les griffes gourmandes,
Du bon Roy des François, rauiſſoient les viandes,
Suiect trop haut pour moy, qui doy ſans m'eſgarer,
Au champ de ſa valeur, la voir, & l'admirer.
 Auſſi ſelon le corps on doit tailler la robe:
Ie ne veux qu'à mes vers noſtre honneur ſe dérobe,
Ny qu'en tiſſant le fil de vos faits plus qu'humains,
Dedans ce Labirinthe il m'eſchape des mains,
On doit ſelon la force entreprendre la peine,
Et ſe donner le ton ſuiuant qu'on a d'haleine,
Non comme vn four chanter de tort, & de trauers.
 Laiſſant doncq' aux ſçauans à vous peindre en leurs vers,
Haut eſleuez en l'air ſur vne aiſle doree,
Dignes imitateurs des enfans de Boree.
 Tandis qu'à mon pouuoir mes forces meſurant,
Sans prendre ny Phœbus, ny la Muſe à garant,
Ie ſuiuray le caprice en ces païs eſtranges
Et ſans paraphraſer tes faits, & tes loüanges,
Ou me fantaſier le cerueau de ſoucy,
Sur ce qu'on dit de France, ou ce qu'on voit icy,
Ie me deſchargeray d'vn faix que ie deſdaigne,
Suffiſant de creuer vn Genet de Sardaigne,

Qui pourroit defaillant en ſa morne vigueur,
Succomber ſous le fais que i'ay deſſus le cœur.

    Or ce n'eſt point de voir, en regne la ſottiſe,
L'Auarice, & le Luxe, entre les gens d'Egliſe,
La Iuſtice à lancan, l'Innocent oppreſſé:
Le conſeil corrompu, ſuyure l'intereſſé
Les eſtats peruertis toute choſe ſe vendre,
Et n'auoir du credit qu'au pris qu'on peut dépendre.

    Ny moins que la valeur, n'ait icy plus de lieu,
Que la nobleſſe courre en poſte à l'hoſtel Dieu,
Que les ieunes oyſifs, aux plaiſirs s'abandonnent,
Que les femmes du temps, ſoyent à qui plus leur dō-
Que l'vſure ait trouué (bien que ie n'ay dequoy (nēt,
Tant elle à bonne dents) que mordre deſſus moy.

    Tout cecy ne me peze, & l'eſprit ne me trouble,
Que tout s'y peruertiſſe il ne m'en chaut d'vn double
Du temps, ny de l'eſtat, il ne faut s'affliger,
Selon le vent qui fait l'homme doit nauiger.

    Mais ce dont ie me deuls eſt bien vne autre choſe
Qui fait que l'œil humain, iamais ne ſe repoſe,
Qu'il s'abandonne en proye aux ſoucis plus cuiſans.
Ha! que ne ſuis-ie Roy pour cent ou ſix vingts ans,
Par vn Edit public qui fuſt irrcuocable,
Ie bannirois l'Honneur, ce monſtre abominable,
Qui nous trouble l'eſprit & nous charme ſi bien,
Que ſans luy les humains, icy ne voyent rien,
Qui trahit la nature, & qui rend imparfaite,

                                 Toute

SATYRE V.

Toute chose qu'au goust, les delices ont faite.
   Or ie ne doute point, que ces espris bossus,
Qui veulent qu'on les croye en droite ligne yssus,
Des sept sages de Grece, à mes vers ne s'oposent,
Et que leurs iugements dessus le mien ne glosent.
   Comme de faire entendre à chacun que ie suis,
Aussi perclus d'esprit comme Pierre du Puis,
De vouloir sottement que mon discours se dore,
Aux despens d'vn suiect que tout le monde adore.
Et que ie suis de plus priué de iugement,
De t'offrir ce caprice ainsi si librement.
   A toy qui dés ieunesse appris en son escole,
As adoré l'honneur, d'effet, & de parole,
Qui las! pour vn but sainct, en ton penser profond,
Et qui mourois plustost, que luy faire vn faux bond.
   Ie veux bien auoir tort en ceste seule chose,
Mais ton doux naturel, fait que ie me propose,
Librement te monstrer à nud mes passions,
Comme à cil qui pardonne, aux imperfections:
Qu'ils n'en parlent donq' plus, & qu'estrange on
   ne trouue,
Si ie hais plus l'honneur qu'vn mouton vne louue.
   L'honneur que souz faux titre habite auecq' nous,
Qui nous oste la vie & les plaisirs plus doux,
Qui trahit nostre espoir & fait que l'on se peine,
Apres l'esclat fardé d'vne apparence veine:
Qui seure les desirs & passe meschamment,

D

La plume par le bec a nostre sentiment,
Qui nous veut faire entédre en ces veines chimeres,
Que pour ce qu'il nous touche, il se perd si nos meres,
Nos femmes, & nos sœurs, font leurs maris ialoux,
Comme si leurs desirs dependissent de nous.

Ie pense quant à moy que cet homme fut yure,
Qui changea le premier l'usage de son viure,
Et rangeant souz des loix, les hommes escartez,
Bastit premierement & villes & Citez,
De tours & de fossez renforça ses murailles,
Et r'enferma dedans cent sortes de quenailles.

De cest amas confus, nasquirent à l'instant,
L'enuie, le mespris, le discord inconstant
La peur, la trahison, le meurtre, la vengeance,
L'horrible desespoir, & toute ceste engeance,
De maux qu'on voit regner en l'enfer de la Court,
Dont vn Pédant de Diable en ses leçons discourt,
Quand par art il instruit ses escoliers pour estre,
(S'il ce peut faire) en mal plus grands Clercs que
  leur maistre.

Ainsi la liberté du monde s'enuola,
Et chacun se campant qui deça, qui delà,
De hayes, de buissons remarqua son partage,
Et la fraude fist lors la figue au premier age.
Lor du mien, & du tien, nasquirent les proces,
A qui l'argent depart, bon ou mauuais succez,
Le fort batit le foible, & luy liura la guerre,

SATYRE VI.

De-là l'ambition fist enuahir la terre,
Qui fut auant le temps que suruindrent ces maux,
Vn hospital commun à tous les animaux,
Quand le mary de Rhee au siecle d'innocence,
Gouuernoit doucement le monde en son enfance:
Que la terre de soy le fourment rapportoit,
Que le chesne de Masne & le miel degoutoit:
Que tout viuoit en paix, qu'il n'estoit point d'vsures:
Que rien ne se vendoit, par poix ny par mesures:
Qu'on n'auoit point de peur qu'vn Procureur fiscal,
Formast sur vne éguille vn long proces verbal:
Et se iettant d'aguet dessus vostre personne,
Qu'vn Barisel vous mist dedans la tour de Nonne.

Mais si-tost que le filz le pere dechassa,
Tout sans dessus dessous icy se renuersa.
Les soucis, les ennuis, nous brouillerent la teste,
L'on ne pria les saincts qu'au fort de la tempeste,
L'on trompa son prochain la mesdisance eut lieu,
Et l'hipocrite fist barbe de paille à Dieu;
L'homme trahit sa fay, d'où vindrent les Notaires,
Pour attacher au ioug les humeurs volontraires.

La faim & la charté se mirent sur le rang,
La fiéure, les charbons, le maigre flux de sang,
Commencerent d'esclore, & tout ce que l'Autonne,
Par le vent de midy, nous apporte & nous donne.
Les soldats puis apres ennemis de la paix,
Qui de l'auoir d'autruy ne se soulent iamais,

D ij

Troublerent la campagne, & saccageant nos villes
Par force en nos maisons, violerent nos filles,
D'où nasquit le bordeau qui s'esleuant debout,
A l'instant comme vn Dieu s'estendit tout par tout
Et rendit Dieu mercy ces fiéures amoureuses,
Tant de galants pelez, & de femmes galeuses,
Que les perruques sont & les drogues encor,
(Tant on en a besoin) aussi cheres que l'or.

 Encore tous ces maux ne seroient que fleurettes
Sans ce maudit honneur ce conteur de sornettes,
Ce fier serpent qui couue vn venim souz des fleurs,
Qui noye iour & nuict nos esprits en nos pleurs.
 Car pour ces autres maux c'estoient legeres peines,
Que Dieu donna selon les foiblesses humaines.
 Mais ce traistre cruel excedant tout pouuoir,
Nous fait suer le sang sous vn pesant deuoir,
De Chimeres nous pipe & nous veut faire acroire,
Qu'au trauail seulement doit consister la gloire,
Qu'il faut perdre & sommeil, & repos, & repas,
Pour tascher d'acquerir vn suiect qui n'est pas,
Ou s'il est, que iamais aux yeux ne se descouure,
Et perdu pour vn coup iamais ne se recouure,
Qui nous gonfle le cœur de vapeurs & de vent,
Et d'excez par luy-mesme il se perd bien souuent.
 Puis on adorera ceste menteuse idole,
Pour oracle on tiendra ceste croyance folle,
Qu'il n'est rien de si beau que tomber bataillant,

SATYRE VI.

Qu'aux despens de son sang, il faut estre vaillant,
Mourir d'vn coup de lance, ou du choc d'vne picque,
Comme les Paladins de la saison antique,
Et respandant l'esprit, blessé par quelque endroit,
Que nostre ame s'enuolle en Paradis tout droit.

  Ha! que c'est chose belle & fort bien ordonnee,
Dormir dedans vn lict la grasse matinee,
En Dame de Paris, s'habiller chaudement,
A la table s'asseoir, manger humainement,
Se reposer vn peu, puis monter en carosse,
Aller à Gentilly caresser vne Rosse,
Pour escroquer sa fille & venant à l'effect,
Luy monstre comme Iean à sa mere le faict.

  Ha! Dieu pourquoy faut-il que mõ esprit ne vaille,
Autant que cil qui mist les Souris en bataille,
Qui sceut à la Grenoüille apprendre son caquet,
Ou que l'autre qui fist en vers vn Sopiquet,
Ie serois esloigné de toute raillerie,
Vn poëme grand & beau, de la poltronnerie,
En despit de l'honneur, & des femmes qui l'ont,
D'effect souz la chemise, ou d'apparence au front,
Et m'asseure pour moy qu'en ayant leu l'histoire,
Elles ne seroient plus si sottes que d'y croire.

  Mais quand ie considere ou l'ingrat nous reduit,
Comme il nous ensorcelle & comme il nous seduit,
Qu'il assemble en festin, au Regnard la Cigoigne,
Et que son plus beau ieu, ne gist riẽ qu'en sa trogne,

Celuy le peut bien dire à qui dés le berceau,
Ce malheureux honneur a tins le bec en l'eau,
Qui le traine à tastos, quelque part qu'il puisse estre,
Ainsi que fait vn chien, vn aueugle, son maistre :
Qu'il s'en va doucement apres luy pas à pas,
Et librement se fie à ce qui ne voit pas,

S'il veut que plus long-temps à ce discours ie croye,
Qu'il m'offre à tout le moins quelque chose qu'on
Et qu'on sauoure, afin qu'il se puisse scauoir, (voye,
Si le goust desment point ce que l'œil en peut voir.

Autrement quant à moy ie luy fay banqueroute,
Estant imperceptible il est comme la goutte :
Ee le mal qui caché nous oste l'embom-point.
Qui nous tuë à veü d'œil,& que l'on ne voit point.
On a beau se charger de telle marchandise,
A peine en auroit-on vn Catrin à Venise,
Encor qu'on voye apres courir certains cerueaux,
Comme apres les raisins, courent les Estourneaux.
Que font tous ces vaillās de leur valeur guerriere,
Qui touchent du penser, l'Estoille poussiniere,
Morguent la destinee & gourmandent la mort,
Contre qui rien ne dure , & rien n'est assez fort,
Et qui tout transparants de claire renommee,
Dressent cent fois le iour, en discours vne armee,
Donnent quelque bataille, & tuant vn chacun,
Font que mourir & viure à leur dire n'est qu'vn :
Releuez, emplumez, braues comme sainct George,

SATYRE VI.

Et Dieu sçait cependant s'ils mentent par la gorge,
Et bien que de l'honneur ils facent des leçons,
Enfin au fond du sac ce ne sont que chansons,
  Mais mō Dieu que ce traistre est d'vne estrāge sor-
Tandis qu'à le blasmer la raison me transporte, (te
Que de luy ie mesdis il me flatte, & me dit,
Que ie veux par ces vers acquerir son credit,
Que c'est ce que ma Muse en trauaillāt pourchasse,
Et mon intention qu'estre en sa bonne grace,
Qu'en mesdisant de luy ie le veux requerir,
Et tout ce que ie fay que c'est pour l'acquerir.
  Si ce n'est qu'on diroit qu'il me l'auroit fait faire,
Ie l'irois appeler comme mon aduersaire.
Aussi que le duel est icy deffendu,
Et que d'vne autre part i'ayme l'indiuidu.
  Mais tandis qu'en colere à parler ie m'arreste,
Ie ne m'apperçoy pas que la viande est preste,
Qu'icy non plus qu'en France on ne s'amuse pas,
A discourir d'honneur quand on prend son repas,
Le sommelier en haste est sorty de la caue,
Desia Monsieur le maistre & son monde se laue,
Trefues auecq' l'honneur ie m'en vais tout courant,
Decider au Tinel vn autre different.

FIN.

A MONSIEVR LE
MARQVIS DE
COEVVRES.

SATYRE VII.

Otte, & fascheuse humeur de la pluſ-
part des hommes,
Qui ſuiuant ce qu'ilſont, iugent ce que
nous ſommes,
Et ſuccrant d'vn ſuoris vn diſcours ruineux,
Accuſent vn chacun des maux qui ſont en eux,
Noſtre melancolique en ſcauoit bien que dire,
Qui nous pique en riant, & nous flate ſans rire
Qui porte vn cœur de ſang, deſſous vn front bleſmy,
Et duquel il vaut mieux eſtre amy qu'ennemy.

Vous qui tout au contraire auez dans le courage,
Les meſmes mouuements qu'on vous lit au viſage,
Et qui parfait amy vos amis eſpargnez,
Et de mauuais diſcours leur vertu n'eſborgnez,
Dont le cœur grand, & ferme, au changement ne
ploye,

SATYRE VII.

Et qui fort librement en l'orage s'employe,
Ainsi qu'vn bon patron, qui soigneux, sage, & fort,
Sauue ses compagnons & les conduit à bord.

   Cognoissant doncq' en vous vne vertu facile,
Apporter les deffauts d'vn esprit imbecille,
Qui dit sans aucun fard, ce qu'il sent librement,
Et dont iamais le cœur, la bouche ne desment,
Comme à mon confesseur vous ouurant ma pensee,
De ieunesse, & d'amour, follement incensee,
Ie vous conte le mal ou trop enclin ie suis,
Et que prest à laisser ie ne veux & ne puis,
Tant il est mal-aisé d'oster auecq' l'estude,
Ce qu'on a de nature, ou par longue habitude.

   Puis la force me manque, & n'ay le iugement
De conduire ma barque en ce rauissement,
Au gouffre du plaisir, la courante m'emporte;
Tout ainsi qu'vn cheual qui a la bouche forte
I'obeis au caprice, & sans discretion,
La raison ne peut rien dessus ma passion.

   Nulle loy ne retient mon ame abandonnee,
Ou soit par volonté, ou soit par destinee,
En vn mal euident ie clos l'œil à mon bien:
Ny conseil, ny raison, ne me seruent de rien.
Ie choppe par dessein, ma faute est volontaire,
Ie me bande les yeux, quand le Soleil m'esclaire:
Et content de mon mal ie me tiens trop heureux,
D'estre comme ie suis, en tous lieux amoureux,

SATYRE VII.

Et comme à bien aymer, mille causes m'inuitent,
Aussi mille beautez mes amours me limitent,
Et courant çà & là, ie trouue tous les iours,
En des suiects nouueaux de nouuelles amours.

  Si de l'œil du desir, vne femme t'auise,
Ou soit belle, ou soit laide, ou sage, ou mal aprise,
Elle aura quelque trait qui de mes sens veinqueur,
Me passant par les yeux me bleçera le cœur:
Et c'est comme vn miracle, en ce monde ou nous som-
Tant l'aueugle appetit ensorcelle les hommes (mes,
Qu'encore qu'vne femme aux amours face peur,
Que le Ciel, & Venus, la voye à contre-cœur,
Toutesfois estant femme, elle aura ses delices,
Releuera sa grace auecq' des artifices,
Qui dans l'estat d'amour la sçauroit maintenir,
Et par quelques attraits les amants retenir.

  Si quelqu'vne est difforme elle aura bonne grace,
Et par l'Art de l'esprit embellira sa face,
Captiuant les Amants de mœurs ou de discours,
Elle aura du credit en l'Empire d'amours.
En cela l'on cognoist que la nature est sage,
Qui voyant les deffaux du fœminin ouurage,
Qu'il seroit sans respect, des hommes mesprisé
L'anima d'vn esprit, & vif, & desguisé,
D'vne simple innocence elle adoucit sa face,
Elle luy mist au sein, la ruse, & la falace,
Dans sa bouche la foy, qu'on donne à ses discours,

SATYRE VII.

Dont ce sexe trahit les Cieux, & les amours,
Et selon plus ou moins qu'elle estoit belle, ou laide.
Sage elle sceut si bien vser d'vn bon remede,
Diuisant de l'esprit, la grace, & la beauté,
Qu'elle les separa d'vn & d'autre costé,
De peur qu'en les ioignāt quelqu'vne eust l'auanta-
Auecq' vn bel esprit d'auoir vn beau visage. (ge,
　La belle du depuis ne le recherche point,
Et l'esprit rarement, à la beauté se ioint.
　Or affin que la laide autrement inutille,
Dessous le ioug d'amour rendit l'homme seruille,
Elle ombragea l'esprit d'vn morne aueuglement,
Auecques le desir troublant le iugement,
De peur que nulle femme, ou fust laide ou fust belle,
Ne vescust sans le faire, & ne mourust pucelle.
D'où vient que si souuent les hommes offusquez,
Sont de leurs appetis si lourdement mocquez,
Que d'vne laide femme ils ont l'ame eschauffee,
Dressent à la laideur d'eux-mesmes vn trophee,
Pensent auoir trouué la febue du gasteau,
Et qu'au sarail du Turc il n'est rien de si beau.
　Mais comme les beautez soit des corps, ou des
　　　ames,
Selon l'obiect des sens sont diuerses aux Dames,
Aussi diuersement les hommes sont domtez,
Et font diuers effets les diuerses beautez:
(Estrange prouidence, & prudente methode,

De nature qui fert vn chacun à sa mode.)
   Or moy qui suis tout flame & de nuict & de iour,
Qui n'haleine que feu, ne respire qu'amour,
Ie me laisse emporter à mes flames communes,
Et cours souz diuers vents de diuerses fortunes,
Rauy de tous obiects, i'ayme si viuement,
Que ie n'ay pour l'amour ny choix, ny iugement:
De toute eslection, mon ame est despourueuë,
Et nul obiect certain, ne limite ma veuë.
Toute femme m'agree, & les perfections,
Du corps ou de l'esprit troublent mes passions,
I'ayme le port de l'vne, & de l'autre la taille,
L'autre d'vn trait lascif, me liure la bataille,
Et l'autre desdaignant d'vn œil seuere, & doux
Ma peine, & mon amour, me donne mille coups,
Soit qu'vne autre modeste à l'impourueu m'auise,
De vergongne, & d'amour mō ame est toute éprise,
Ie sens d'vn sage feu mon esprit enflammer,
Et son honnesteté me contrainct de l'aymer.
   Si quelque autre affetee en sa douce malice,
Gouuerne son œillade auecq' de l'artifice,
I'ayme sa gentillesse, & mon nouueau desir,
Se la promet sçauante en l'amoureux plaisir.
   Que l'autre par le liure, & face des merueilles,
Amour qui prend par tout me prend par les oreilles,
Et iuge par l'esprit parfaict en ses accords,
Des points plus accomplis que peut auoir le corps:

Si l'autre est au rebours des lettres nonchalante,
Ie croy qu'au fait d'amour elle sera sçauante,
Et que nature habille à couurir son deffaut,
Luy aura mis au lict tout l'esprit qu'il luy faut.
　Ainsi de toute femme à mes yeux opposee,
Soit parfaite en beauté, ou soit mal composee,
De meurs, ou de façons, quelque chose m'en plaist,
Et ne sçay point comment, ny pourquoy, ny que c'est.
　Quelque obiet que l'esprit, par mes yeux se figure,
Mon cœur tendre à l'amour, en reçoit la pointure:
Comme vn miroir en soy toute image reçoit,
Il reçoit en amour quelque obiect que ce soit,
Autant qu'vne plus blanche, il ayme vne brunette,
Si l'vne a plus d'esclat, l'autre est plus sadinette,
Et plus viue de feu, d'amour, & de desir,
Comme elle en reçoit plus, donne plus de plaisir,
　Mais sans parler de moy que toute amour emporte,
Voyant vne beauté folastrement accorte,
Dont l'abord soit facile, & l'œil plein de douceur,
Que semblable à Venus on l'estime sa sœur,
Que le Ciel sur son front ait posé sa richesse,
Qu'elle ait le cœur humain, le port d'vne Deesse,
Qu'elle soit le tourment, & le plaisir des cœurs,
Que Flore souz ses pas face naistre des fleurs,
Au seul trait de ses yeux, si puissans sur les ames,
Les cœurs les plus glacez sõt tous bruslãs de flames,
Et fust-il de metail, ou de bronze, ou de roc,

SATYRE VII.

Il n'est Moine si sainct qui n'en quittast le froc.

 Ainsi moy seulement souz l'amour ie ne plie,
Mais de tous les mortels la nature accomplie,
Fleschit souz cest Empire, & n'est homme icy bas
Qui soit exempt d'amour, non plus que du trespas:

 Ce n'est donc chose estrange (estant si naturelle)
Que ceste passion me trouble la ceruelle,
M'empoisonne l'esprit, & me charme si fort,
Que i'aimeray, ie croy, encore apres ma mort.

 Marquis voyla le vent dont ma nef est portee,
A la triste mercy de la vague indomtee,
San corde, sans timon, sans estoille ny iour,
Reste ingrat, & piteux de l'orage d'amour,
Qui content de mon mal & ioyeux de ma perte,
Se rit de voir des flots ma poitrine couuerte,
Et comme sans espoir flote ma passion,
Digne, non de risee, ains de compassion.

 Cependant incertain du cours de la tempeste,
Ie nage sur les flots, & releuant la teste,
Ie semble despiter naufrage audacieux,
L'infortune, les vents, la marine & les Cieux,
M'esgayant en mon mal comme vn melancolique,
Qui repute à vertu son humeur frenetique,
Discourt de son caprice, en caquete tout haut.

 Aussi comme a vertu i'estime ce deffaut,
Et quand tout par malheur iureroit mon dommage,
Ie mourray fort content mourant en ce voyage.

F I N.

A MONSIEVR L'ABE'
DE BEAVLIEV NOMME' PAR
SA MAIESTE' A L'EVESCHE'
du Mans.

SATYRE. VIII.

CHarles de mes pechez i'ay bien fait
  penitence,
Or toy qui te cognois aux cas de con-
  science,
Iuge si i'ay raison de penser estre absoubz,
I'oyois vn de ses iours la Messe à deux genoux,
Faisãt mainte oraisõ, l'œil au ciel, les mains iointes,
Le cœur ouuert aux pleurs, & tout percé des pointes,
Qu'vn deuot repentir eslançoit dedans moy,
Tremblant des peurs d'enfer, & tout bruslant de foy.
  Quand vn ieune frisé releué de moustache,
De galoche, de botte, & d'vn ample pennache
Me vint prendre, & me dist, pensant dire vn bon
  mot,

Pour vn Poëte du temps, vous estes trop deuot,
Moy ciuil, ie me leue, & le bon iour luy donne,
(Qu'heureux est le folastre, à la teste grisonne,
Qui brusquement eust dit auecq' vne sambieu)
Ouy bien pour vous Monsieur qui ne croyez en Dieu.
  Sotte discretion ie voulus faire accroire,
Qu'vn Poëte n'est bisarre, & fascheux qu'apres boi-
Ie baisse vn peu la teste, & tout modestement, (re,
Ie luy fis à la mode, vn petit compliment,
Luy comme bien apris, le mesme me sceut rendre,
Et ceste courtoisie a si haut prix me vendre,
Que i'aymerois bien mieux, chargé d'age, & d'en-
    nuis,
Me voir à Rome pauure, entre les mains des Iuifs.
  Il me prit par la main, apres mainte grimace,
Changeant sur l'vn des pieds, a toute heure de place
Et dansant tout ainsi qu'vn Barbe encastelé,
Me dist en remachant vn propos aualé,
Que vous estes heureux vous autres belles ames,
Fauoris d'Apollon, qui gouuernez les Dames,
Et par mille beaux vers les charmez tellement,
Qu'il n'est point de beautez, que pour vous seulemẽt,
Mais vous les meritez, vos vertus non communes,
Vous font dignes Monsieur de ces bonnes fortunes.
  Glorieux de me voir, si hautement loüé,
Ie deuins aussi fier qu'vn chat amadoüé,
Et sentant au Palais, mon discours se confondre:
                                    D'vn

SATYRE VIII.

D'vn ris de sainct Medard il me fallut respondre,
Ie poursuis, mais amy, laissons le discourir,
Dire cent, & cent fois, il en faudroit mourir,
Sa Barbe pinçoter, cageoller la science,
Releuer ses cheueux, dire en ma conscience,
Faire la belle main, mordre vn bout de ses guents,
Rire hors de propos, monstrer ses belles dents,
Se carrer sur vn pied, faire arser son espee,
Et s'adoucir les yeux ainsi qu'vne poupee:
Cependant qu'en trois mots ie te feray sçauoir,
Ou premier a mon dam ce fascheux me peut voir.
  I'estois chez vne Dame, enquis si la Satyre,
Permetoit en ces vers que ie le peusse dire,
Reluit, enuironné, de la diuinité.
Vn esprit aussi grand, que grande est sa beauté
  Ce Fanfarou chez elle, eut de moy cognoissance,
Et ne fut de parler iamais en ma puissance,
Luy voyant ce iour-là son chappeau de velours,
Rire d'vn fascheux conte, & faire vn sot discours
Bien qu'il m'eust à l'abord doucement fait entẽdre,
Qu'il estoit mon valet, à vendre & a dependre,
Et detournant les yeux belle a ce que i'entens,
Commẽt vous gouuernez, les beaux esprits du tans,
Et faisant le doucet de parole, & de geste,
Il se met sur vn lict, luy disant ie proteste,
Que ie me meurs d'amour, quãd ie suis pres de vous:
Ie vous ayme si fort que i'en suis tout ialoux,

E

Puis rechangeant de note, il monstre sa rotonde,
Cest ouurage est-il beau, que vous semble du mode,
L'homme que vous sçauez, m'a dit qu'il n'ayme rien
Madame a vostre auis, ce iourd'huy suis-ie bien,
Suis-ie pas bien chaussé, ma iambe est elle belle,
Voyez ce tafetas la mode en est nouuelle,
Cest œuure de la Chine, à propos on m'a dit
Que contre les clinquants le Roy fait vn édit :
Sur le coude il se met, trois boutons se delace,
Madame baisez moy, n'ay-ie pas bonne grace,
Que vous estes fascheuse, à la fin on verra,
Rosete le premier qui s'en repentira.

D'assez d'autres propos il me rompit la teste,
Voila quant & comment ie cogneu ceste beste,
Te iurant mon amy que ie quitté ce lieu,
Sans demander son nom, & sans luy dire Adieu.

Ie n'eus depuis ce iour, de luy nouuelle aucunne,
Si ce n'est ce matin que de male fortune,
Ie fus en ceste Eglise, ou comme i'ay conté,
Pour me persecuter Satan l'auoit porté.
Apres tous ces propos qu'on se dit d'ariuée,
D'vn fardeau si pesant ayant l'ame greuée,
Ie chauuy de l'oreille & demourant pensif,
L'eschine i'alongois comme vn asne retif,
Minutant me sauuer de ceste tirannie,
Il le iuge a respect ô sans ceremonie,
Ie vous suply (dit-il) viuons en compagnons.

SATYRE VIII.

Ayant ainsi qu'vn pot les mains sur les roignons,
Il me pousse en auant me presente la porte.
Et sans respect des Saincts hors l'Eglise il me porte.
Aussi froid qu'vn ialoux qui voit son corriual,
Sortis il me demande, estes vous à cheual
Auez vous point icy quelqu'vn de vostre troupe,
Ie suis tout seul a pied, luy de m'offrir la croupe,
Moy pour m'en depêtrer, luy dire tout expres,
Ie vous baise les mains, ie m'en vais icy pres,
Chez mon oncle disner, ô Dieu le galand homme
I'en suis, & moy pour lors comme vn bœuf qu'on as-
Ie laisse choir la teste, & bien peu s'en falut,
    somme,
Remettant par depit, en la mort mon salut,
Que ie n'alasse lors la teste la premiere,
Me ietter du pont neuf, a bas en la riuiere.
  Incensible il me traine, en la court du Palais,
Ou trouuant par hasard quelqu'vn de ses valets,
Il l'apelle & luy dit hola hau Ladreuille,
Qu'on ne m'attende point, ie vay disner en ville.
  Dieu sçait si ce propos me trauersa l'esprit,
Encor n'est-ce pas tout, il tire vn long escrit,
Que voyant ie fremy, lors sans cageollerie,
Monsieur ie ne m'entends à la chicannerie,
Celuy dis-ie, feignant l'auoir veu de trauers
Aussi n'en est-ce pas, ce sont des meschans vers,
(Ie cogneu qu'il estoit veritable à son dire,)
                              E ij

Que pour tuër le tans ie m'efforce d'ecrire,
Et pour vn courtisan quand vient l'occasion,
Ie montre que i'en sçay pour ma prouision.
  Il lit, & se tournant brusquement par la place
Les banquiers étonnez admiroient sa grimace,
Et montroient en riant qu'ils ne luy eussent pas,
Presté sur son minois quatre double ducats.
(Que ieusse bien donnez pour sortir de sa pate,)
Ie l'ecoute, & durant que l'oreille il me flate,
Le bon Dieu sçait comment a chaque fin de vers,
Tout expres ie disois quelque mot de trauers,
Il poursuit nonobstant d'vne fureur plus grande,
Et ne cessa iamais qu'il n'ut fait sa legende.
  Me voyant froidement ses œuures aduouër,
Il les serre, & se met luy mesme a se loüer,
Doncq' pour vn Caualier n'est-ce pas quelque chose?
Mais Môsieur n'auez vous iamais veu de ma prose?
Moy de dire que si : tant ie craignois qu'il eust
Quelque proces verbal, qu'entendre il me fallust.
  Encore dittes moy en vostre conscience,
Pour vn qui n'a du tout acquis nulle science,
Cecy n'est-il pas rare il est vray sur ma foy,
Luy dis-ie souriant, lors se tournant vers moy,
M'accolle a tour de bras, & tout petillant d'aise,
Doux comme vne espousee, à la ioüe il me baise:
Puis me flatant l'épaule, il me fist librement,
L'honneur que d'aprouuer mon petit iugement

SATYRE VIII.

Apres ceste caresse, il rentre de plus belle,
Tantost il parle à l'vn, tantost l'autre l'apelle,
Tousiours nouueaux discours, & tãt fut-il humain
Que tousiours de faueur il me tint par la main.
I'ay peur que sans cela i'ay l'ame si fragille,
Que le laissant du guet i'eusse peu faire gille:
Mais il me fut bien force estant bien attaché,
Que ma discretion, expiast mon peché.

Quel heur ce m'eust esté, si sortant de l'Eglise,
Il m'eust conduit chez luy, & m'ostant la chemise,
Ce beau valet a qui, ce beau maistre parla,
M'eust donné languillade, & puis m'eust laissé là,
Honorable defaite, heureuse eschapatoire,
Encores de rechef me la fallut-il boire.

Il vint a reparler dessus le bruict qui court
De la Royne, du Roy, des Princes, de la Court,
Que Paris est bien grãd, que le Pont neuf s'achéue,
Si plus en paix qu'en guerre, vn Empire s'eléue,
Il vint a definir, que cestoit qu' Amitié,
Et tant d'autres Vertus que s'en estoit pitié.
Mais il ne definit, tant il estoit nouice,
Que l'Indiscretion est vn si fascheux vice,
Qu'il vaut bien mieux mourir, de rage ou de regret,
Que de viure à la gesne auec vn indiscret.

Tandis que ses discours me donnoient la torture,
Ie sonde tous moyens pour voir si d'auanture:
Quelque bon accident, eust peu m'en retirer.

E iij

Et m'enpescher en fin de me desperer.
  Voyant vn President, ie luy parle d'affaire.
S'il auoit des proces, qu'il estoit necessaire
D'estre tousiours apres, ces Messieurs bonneter,
Qu'il ne laissast pour moy, de les soliciter,
Quant a luy qu'il estoit homme d'intelligence,
Qui sçauoit comme on perd son bien par negligence,
Ou marche l'interest, qu'il faut ouurir les yeux.
Ha! nō Monsieur (dit-il) i'aymerois beaucoup mieux
Perdre tout ce que i'ay, que vostre compagnie.
Et se mist aussi-tost sur la ceremonie,
Moy qui n'ayme a debatre en ces fadeses la,
Vn tans sans luy parler, ma langue vacila:
Enfin ie me remets sur les cageolleries,
Luy dis comme le Roy estoit aux Tuilleries,
Ce qu'au Louure on disoit qu'il feroit ce iourd'huy,
Qu'il deuroit se tenir tousiours aupres de luy,
Dieu sçait combien alors, il me dist de sottises,
Parlant de ses hauts faicts, & de ses vaillantises,
Qu'il auoit tant seruy, tant faict la faction
Et n'auoit cependat aucune pension,
Mais qu'il se consoloit, en ce qu'au moins l'Histoire,
Comme on fait son trauail, ne desroboit sa gloire.
Et s'y met si auant que ie creu que mes iours,
Deuoient plustost finir, que non pas son discours.
  Mais comme Dieu voulut apres tant de demeures,

SATYRE VIII

L'orloge du Palais, vint a fraper onze heures,
Et luy qui pour la souppe auoit l'esprit subtil,
A quelle heure Monsieur vostre oncle disne-til.
Lors bien peu s'en falut, sans plus longtans atendre,
Que de rage au gibet ie ne m'allasse pendre.
Encor l'eusse-ie fait estant desesperé
Mais ie croy que le Ciel contre moy coniuré
Voulut que s'acomplist ceste auanture mienne,
Que me dist ieune enfant vne Bohemienne.
  Ny la peste, la faim, la verolle, la tous,
La fieure, les venins, les larrons, ny les lous,
Ne tueront cestuy-cy, mais l'importun langage,
D'vn facheux, qu'il s'en garde, estant grand s'il
    est sage.
  Comme il continuoit ceste vieille chanson,
Voicy venir quelqu'vn d'assez pauure façon:
Il se porte au deuant, luy parle, le cageolle,
Mais cest autre à la fin, se monta de parole,
Mōsieur c'est trop long-tās: tout ce que vous voudrez
Voicy l'Arrest signé, non Monsieur vous viendrez,
Quand vous serez dedans vous ferez à partie.
Et moy qui cependant n'estois de la partie,
l'esquiue doucement, & m'en vais a grand pas,
La queuë en loup qui fuit, & les yeux contre bas,
Le cœur sautant de ioye, & triste d'aparance
Depuis aux bons Sergens i'ay porté reuerance,

E iiij

SATYRE VIII.

Côme a des gens d'honneur, par qui le Ciel voulut,
Que ie receuſſe vn iour le bien de mon ſalut.
   Mais craignant d'encourir vers toy le meſme vice,
Que ie blaſme en autruy, ie ſuis a ton ſeruice,
Et prie Dieu qui nous garde, en ce bas monde icy,
De faim, d'vn importun, de froid & de ſoucy.

FIN.

A MONSIEVR Rapin.

SATYRE. IX.

APIN le fauorit d'Apollon & des Muses,
Pendant qu'en leur meſtier iour &
nuit tu t'amuſes,
Et que d'vn vers nombreux non encore chanté,
Tu te fais vn chemin à l'immortalité,
Moy qui n'ay n'y l'eſprit n'y l'halaine aſſez forte,
Pour te ſuiure de pres & te ſeruir d'eſcorte,
Ie me contenteray ſans me precipiter,
D'admirer ton labeur ne pouuant l'imiter,
 Et pour me ſatisfaire au deſir qui me reſte,
De rendre ceſt hommage à chaſcun manifeſte,
Par ces vers i'en prens acte, afin que l'aduenir,
De moy par ta vertu, ſe puiſſe ſouuenir
Et que ceſte memoire à iamais s'entretienne,
Que ma Muſe imparfaite eut en honneur la tienne,

Et que si i'euz l'esprit d'ignorance abatu,
Ie l'euz au moins si bon, que i'aimay ta vertu.
Contraire à ces resueurs dont la muse insolente,
Censurant le plus vieux arrogamment se vante,
De reformer les vers, non les tiens seulement,
Mais veulent deterrer les Grecs du monument,
Les Latins, les Hebreux, & toute l'Antiquaille
Et leur dire en leur nez qu'ils n'ot riē fait qui vail-
    Ronsard en son mestier n'estoit qu'vn aprentif, (le
Il auoit le cerueau fantastique & retif,
Des Portes n'est pas net, du Bellay trop facile,
Belleau ne parle pas comme on parle à la ville,
Il a des mots hargneux bouffiz & releuez
Qui du peuple auiourd'huy ne sont pas approuuez.
    Comment il nous faut donq' pour faire vne œu-
    ure grande
Qui de la calomnie & du temps se deffende,
Qui trouue quelque place entre les bons Autheurs,
Parler comme à saint Iean parlent les Crocheteurs,
    Encore ie le veux pourueu qu'ils puissent faire,
Que ce beau sçauoir entre en l'esprit du vulgaire,
Et quand les Crocheteurs seront Poëtes fameux:
Alors sans me fascher ie parleray comme eux.
    Pensent-ils des plus vieux offençant la memoire,
Par le mespris d'autruy s'acquerir de la gloire,
Et pour quelque vieux mot estrange, ou de trauers,
Prouuer qu'ils ont raison de censurer leurs vers,

(Alors qu'vne œuure brille, & d'art & de science,
La verue quelque fois s'esgaye en la licence.)
  Il semble en leurs discours hautain & genereux:
Que le Cheual volant n'ait pißé que pour eux,
Que Phœbus à leur ton, accorde sa vielle,
Que la Mouche du Grec, leurs leures emmielle,
Qu'ils ont seuls icy bas trouué la Pie au nit,
Et que des hauts esprits le leur est le zenit:
Que seuls des grands secrets ils ont la cognoissance,
Et disent librement que leur experience,
A rafiné les vers fantastiques d'humeur,
Ainsi que les Gascons ont fait le point d'honneur,
Qu'eux tous seuls du biē dire ont trouué la metode,
Et que rien n'est parfaict s'il n'est fait à leur mode.
  Cependant leur sçauoir ne s'estend seulement,
Qu'à regratter vn mot douteux au iugement,
Prendre garde qu'vn qui heurte vne diphtongue,
Espier si des vers la rime est breue ou longue,
Ou bien si la voyelle, à l'autre s'vnissant:
Ne rend point à l'oreille vn vers trop languissant:
Et laissent sur le verd le noble de l'ouurage.
Nul esguillon diuin n'esleue leur courage,
Il rampent bassement foibles d'inuentions,
Et n'osent peu-hardis tenter les fictions,
Froids à l'imaginer, car s'ils font quelque chose
C'est proser de la rime, & rimer de la prose.
Que l'art lime & relime & polit de façon,

Qu'elle rend à l'oreille un agreable son.
Et voyant qu'un beau feu leur ceruelle n'embraſe,
Ils attiſent leurs mots enioliuent leur phraſe,
Affectent leur diſcours tout ſi releué d'art,
Et peignent leur defaux de couleur & de fard,
Auſſi ie les compare à ces femmes iolies,
Qui par les Affiquets ſe rendent embelies,
Qui gentes en habits & fades en façons,
Parmy leur point coupé tendent leur hameçons,
Dont l'œil rit molement auecque affeterie,
Et de qui le parler n'eſt rien que flaterie :
De rubans piolez s'agencent proprement,
Et toute leur beauté ne giſt qu'en l'ornement,
Leur viſage reluit de ceruſe & de peautre,
Propre en leur coiffure un poil ne paſſe l'autre.
   Ou ſes diuins eſpris hautains & releuez,
Qui des eaux d'Helicon ont les ſens abreuuez.
De verue & de fureur leur ouurage etincelle,
De leurs vers tout diuins la grace eſt naturelle,
Et ſont comme l'on voit la parfaicte beauté,
Qui contante de ſoy, laiſſe la nouueauté,
Que l'art trouue au Palais ou dans le blanc d'Eſpa-
Rien que le naturel ſa grace n'accompagne,   (gne
Son front laué d'eau claire eclaté d'un beau teint,
De roſes & de lys la nature la peint,
Et laiſſant la Mercure, & toute ſes malices,
Les nonchalances ſont les plus grands artifices.

SATYRE IX.

Or Rapin quant a moy ie n'ay point tant d'esprit,
Ie vay le grand chemin que mon oncle m'aprit,
Laissant la ces Docteurs que les Muses instruisent,
En des arts tout nouueaux, & s'ils font comme
         ils disent,
De ses fautes vn liure aussi gros que le sien,
Telles ie les croiray quand ils auront du bien,
Et que leur belle Muse à mordre si cuisante,
Leur don'ra comme luy dix mil escus de rente,
De l'honneur, de l'estime, & quand par l'Vniuers
Sur le lut de Dauid on chantera leurs vers,
Qu'ils auront ioint l'vtille auecq' le delectable,
Et qu'ils scauront rimer vne aussi bonne table.
   On faict en Italie vn conte assez plaisant.
Qui vient à mon propos, qu'vnefois vn Paisant,
Homme fort entendu & suffisant de teste,
Comme on peut aisement, iuger par sa requeste :
S'en vint trouuer le Pape & le voulut prier,
Que les prestres du temps se peussent marier,
Affin ce disoit-il que nous puissions nous autres,
Leurs femmes caresser, ainsi qu'il font les nostres.
   Ainsi suis-ie d'auis, comme ce bon lourdaut,
S'ils ont l'esprit si bon, & l'intellect si haut,
Le iugement si clair, qu'ils fassent vn ouurage,
Riche d'inuentions, de sens, & de langage,
Que nous puissions draper comme ils font nos escris,
Et voir comme l'on dit, s'ils sont si bien apris,

Qu'ils monstrent de leur eau, qu'ils entrent en car-
Leur âge deffaudra plustost que la matiere, (riere,
Nous sommes en un siecle ou le Prince est si grand,
Que tout le monde entier, à peine le comprend,
Qu'ils façent par leurs vers, rougir chacun de hōte,
Et comme de valeur nostre Prince surmonte,
Hercule, Ænée, Achil, qu'ils ostēt les lauriers, (ries:
Aux vieux, comme le Roy, l'a fait aux vieux guer-
Qu'ils composent une œuure, on verra si leur liure,
Apres mille & mille ans, sera digne de viure,
Surmontant par vertu, l'enuie & le destin,
Comme celuy d'Homere, & du chantre Latin.

   Mais Rapin mon amy, c'est la vieille querelle,
L'homme le plus parfaict, a manqué de ceruelle,
Et de ce grand deffaut vient l'imbecilité,
Qui rend l'homme hautain, insolent, effronté,
Et selon le suiect qu'à l'œil il se propose,
Suiuant son appetit il iuge toute chose.

   Aussi selon nos yeux, le Soleil est luysant,
Moy-mesme en ce discours qui fais le suffisant,
Ie me cognoy frappé sans le pouuoir comprendre,
Et de mon vercoquin ie ne me puis deffendre.

   Sans iuger, nous iugeons, estant nostre raison,
Là haut dedans la teste, ou selon la saison,
Qui regne en nostre humeur les brouillars, nous em-
    brouillent
Et de lieures cornus le cerueau nous barbouillent.

SATYRE IX.

Philosophes resueurs discourez hautement,
Sans bouger de la terre allez au firmament:
Faites que tout le Ciel branle à vostre cadence,
Et pesez vos discours mesme, dans sa balance,
Cognoissez les humeurs, qu'il verse dessus nous,
Ce qui se fait dessus, ce qui se fait dessous,
Porter vne lanterne aux cachots de nature,
Sçachez qui donne aux fleurs, ceste aimable pain-
Quelle main sur la terre, en broye la couleur, (ture,
Leurs secrettes vertuz, leurs degrez de chaleur,
Voyez germer à l'œil, les semences du monde,
Allez mettre couuer les poissons dedans l'onde?
Déchiffrez les secrets, de Nature & des Cieux,
Vostre raison vous trompe, aussi-bien que vos yeux.
  Or ignorant de tout, de tout ie me veux rire,
Faire de mon humeur, moy-mesme vne Satyre,
N'estimer rien de vray qu'au goust il ne soit tel,
Viure, & comme Chrestien adorer l'immortel,
Ou gist le seul repos qui chasse l'ignorance,
Ce qu'on void hors de luy, n'est que sotte apparence,
Piperie, artifice, encore ô cruauté
Des hommes, & du temps, nostre meschanceté,
S'en sert aux passions, & dessous vne aumusse,
L'ambition, l'amour, l'auarice se musse:
L'on se couure d'vn froc pour tromper les ialoux,
Les Temples aujourd'huy seruẽt aux rendez-vous:
Derriere les pilliers, on oyt mainte sornette,

Et comme dans vn bal, tout le momde y caquette,
On doit rendre suiuant, & le tans, & le lieu,
Ce qu'on doit à Cesar, & ce qu'on doit à Dieu,
Et quant aux appetis de la sottise humaine,
Comme vn home sans goust, ie les ayme sans peine,
Aussi bien rien n'est bon que par affection,
Nous iugeons, nous voyons selon la passion.

   Le Soldat auiourd'huy ne resue que la guerre,
En paix le Laboureur, veut cultiuer sa terre:
L'Auare n'a plaisir qu'en ses doubles ducas,
L'amant iuge sa Dame vn chef d'œuure icy bas,
Encore qu'elle n'ait sur soy rien qui soit d'elle,
Que le rouge, & le blanc, par art la fasse belle,
Qu'elle ante en son palais ses dents tous les matins,
Qu'elle doiue sa taille au bois de ses patins,
Que son poil des le soir, frisé dans la boutique
Comme vn casque au matin, sur sa teste s'aplique,
Qu'elle ait comme vn piquier le corselet au dos
Qu'à grand peine sa peau puisse couurir ses os
Et tout ce qui de iour, la fait voir si doucette,
La nuit comme en depost soit dessous la toillette.
Son esprit vlceré iuge en sa passion,
Que son taint fait la nique à la perfection.

   Le soldat tout ainsi pour la guerre souspire
Iour & nuit il y pense & tousiours la desire,
Il ne resue la nuit, que carnage, & que sang,
La pique dans le poing, & l'estoc sur le flanc,

                                Il pense

Il pense mettre à chef quelque belle entreprise,
Que forçant vn Chasteau tout est de bonne prise,
Il se plaist aux tresors qu'il cuide rauager,
Et que l'honneur luy rie au milieu du danger.
  L'auare d'autre part n'ayme que la richesse,
C'est son Roy sa faueur, la Cour & sa maistresse,
Nul obiect ne luy plaist, sinon l'or & l'argent,
Et tant plus il en a plus il est indigent.
  Le paysant d'autre soin se sent l'âme embrasee,
Ainsi l'humanité sottement abusee,
Court à ses appetis qui l'aueuglent si bien,
Qu'encor qu'elle ait des yeux si ne voit-elle rien.
Nul chois hors de son goust ne regle son enuie,
Mais s'aheurte ou sans plus quelque apas la conuie,
Selon son appetit le monde se repaist,
Qui fait qu'on trouue bon seulement ce qui plaist.
  O debille raison où est ores ta bride,
Ou ce flambeau qui sert aux personnes de guide,
Contre les passions trop foible est ton secours,
Et souuent courtisane apres elle tu cours,
Et sauourant l'appas qui ton âme ensorcelle,
Tu ne vis qu'à son goust, & ne vois que par elle.
De là vient qu'vn chacun mesmes en son deffaut,
Pense auoir de l'esprit autant qu'il luy en faut,
Aussi rien n'est party si bien par la nature,
Que le sens, car chacun en a sa fourniture.
  Mais pour nous moins hardis à croire à nos raisõs,

F

Qui réglons nos esprits par les comparaisons,
D'vne chose auecq' l'autre, espluchons de la vie,
L'action qui doit estre, ou blasmee, ou suiuie,
Qui criblons le discours, au chois se variant,
D'auecq' la faulceté, la verité triant,
(Tant que l'hōme le peut) qui formōs noz ouurages,
Aux moûles si parfaits de ces grands personnages:
Qui depuis deux mille ans, ont acquis le credit,
Qu'en vers riē n'est parfait, que ce qu'ils en ont dit.

Deuōs nous auiourd'uy, pour vne erreur nouuelle,
Que ces clercs deuoyez, forment en leur ceruelle,
Laisser legerement la vieille opinion,
Et suiuant leur auis croire à leur passion.

Pour moy les Huguenots pourroiēt faire miracles,
Ressusciter les morts, rendre de vrais oracles,
Que ie ne pourrois pas croire à leur verité?
En toute opinion ie fuis la nouueauté,
Aussi doit-on plustost imiter noz vieux peres,
Que suiure des nouueaux, les nouuelles chimeres,
De mesme en l'art diuin de la Muse doit-on
Moins croire à leur esprit, qu'à l'esprit de Platon.

Mais Rapin à leur goust, si les vieux sōt profanes:
Si Virgille, le Tasse, & Ronsard sont des asnes,
Sans perdre en ces discours le tēps que nous perdōs,
Allons comme eux aux champs & mangeons des chardons.

FIN.

SATYRE X.

CE mouuement de temps peu cogneu des humains,
Qui trõpe noſtre eſpoir, noſtre eſprit, & noz mains,
Cheuelu ſur le front & chauue par derriere,
N'eſt pas de ces oyſeaux qu'on prend à la pantiere,
Non plus que ce milieu des vieux tant debatu,
Où l'on miſt par deſpit à l'abry la vertu,
N'eſt vn ſiege vaccant au premier qui l'occupe,
Souuent le plus Mattois ne paſſe que pour Duppe:
Ou par le iugement il faut perdre ſon temps,
A choiſir dans les mœurs ce Milieu que i'entens.
  Or i'excuſe en cecy noſtre foibleſſe humaine,
Qui ne veut, ou ne peut, ſe donner tant de peine,
Que s'exercer l'eſpit en tout ce qu'il faudroit,
Pour rendre par eſtude vn lourdaut plus adroit.
  Mais ie n'excuſe pas les Cenſeurs de Socrate,
De qui l'eſprit rongneux de ſoy-meſme ſa grate,
S'idolatre, s'admire, & d'vn parler de miel,
Se va preconiſant conſin de Larcanciel.

F ij

Qui baillēt pour raisons des chansōs & des bourdes,
Et tous sages qu'ils sont font les fautes plus lourdes:
Et pour sçauoir gloser sur le Magnificat,
Tranchent en leurs discours de l'esprit delicat,
Controllent vn chacun, & par apostasie
Veulent paraphraser dessus la fantasie,
Aussi leur bien ne sert qu'à monstrer le deffaut,
Et semblent se baigner quand on chante tout haut,
Qu'ils ont si bon cerueau, qu'il n'est point de sottise
Dont par raison d'estat leur esprit ne s'aduise.
 Or il ne me chaudroit insensez ou prudens
Qu'ilz fissent à leur fraiz Messieurs les intendans,
A chaque bout de champ si sous ombre de chere
Il ne m'en falloit point payer la folle enchere.
 Vn de ces iours derniers par des lieux destournez
Ie m'en allois resuant le manteau sur le nez,
L'âme bizarément de vappeurs occupee
Comme vn Poëte qui prend les vers à la pippee:
En ces songes profonds où flottoit mon esprit,
Vn homme par la main hazardement me prit,
Ainsi qu'on pourroit prendre vn dormeur par l'o-
 reille
Quand on veut qu'à minuict en sursaut il s'esueille,
Ie passe outre d'aguet sans en faire semblant,
Et m'en vois à grands pas tout froid & tout trem-
 blant:
Craignant de faire encor' auec ma patience

SATYRE X.

Des sottises d'autruy nouuelle penitence.
Tout courtois il me suit, & d'vn parler remis,
Quoy? Monsieur, est-ce ainsi qu'on traite ses amis,
Ie m'arreste contraint d'vne façon confuse
Grondant entre mes dents ie barbotte vne excuse:
De vous dire son nom il ne guarit de rien,
Et vous iure au surplus qu'il est homme de bien,
Que son cœur conuoiteux d'ambition ne créue
Et pour ses factions qu'il n'ira point en Gréue:
Car il aime la France, & ne souffriroit point,
Le bon seigneur qu'il est, qu'on la mist en pourpoint.
Au compas du deuoir il regle son courage,
Et ne laisse en depost pourtant son auantage,
Selon le temps il met ses partis en auant
Alors que le Roy passe il gaigne le deuant,
Et dans la Gallerie, encor' que tu luy parles,
Il te laisse au Roy Ieā, & s'en court au Roy Charles.
Mesme aux plus auancez demandant le pourquoy
Il se met sur vn pied, & sur le quant à moy,
Et seroit bien fasché le Prince assis à table
Qu'vn autre en fust plus pres, ou fist plus l'agreable,
Qui plus suffisamment entrant sur le deuis
Fist mieux le Philosophe au dist mieux son auis.
Qui de chiens ou d'oyseaux eust plus d'experience,
Ou qui déuidast mieux vn cas de conscience
Puis dittes comme vn sot qu'il est sans passion,
Sans gloser plus auant sur sa perfection.

F iij

Auec maints hauts discours de chiens, d'oyseaux, de
    bottes,
Que les vallets de pied sont fort suiects aux crottes,
Pour bien faire du pain il faut bien enfourner,
Si Domp-Pedre est venu qu'il s'en peut retourner,
Le Ciel nous fist ce bien qu'encor d'assez bonne
    heure,
Nous vismes au logis où ce Monsieur demeure,
Ou sans historier le tout par le menu,
Il me dist vous soyez Monsieur le bien venu.
Apres quelques propos, sans propos & sans suitte
Auecq' vn froid Adieu ie minutte ma fuitte,
Plus de peur d'accident que de discretion,
Il commence vn sermon de son affection:
Me rid, me prend, m'embrase, auec ceremonie
Quoy? vous ennuyez-vous en nostre compagnie?
Non non, ma foy dit-il, il n'ira pas ainsi,
Et puis que ie vous tiens vous soupperez icy.
Ie m'excuse, il me force, ô Dieux quelle iniustice?
Alors, mais las trop tard ie cogneus mon supplice
Mais pour l'auoir cogneu, ie ne peux l'éuiter
Tant le destin se plaist à me persecuter,
A peine à ces propos eut-il fermé la bouche,
Qu'il entre à l'estourdi vn sot faict à la fourche,
Qui pour nous saluër laissant choir son chappeau,
Fist comme vn entre-chat auec vn escabeau,
Trebuschant sur le cul, s'en va deuant derriere,

SATYRE X.

Et grondant se fascha qu'on estoit sans lumiere:
Pour nous faire sans rire aualler ce beau saut
Le Monsieur sur la veuë excuse se deffaut,
Que les gens de sçauoir ont la visiere tendre,
L'autre se releuant deuers nous se vint rendre,
Moins honteux d'estre cheut, que de s'estre dressé
Et luy demandast-il s'il s'estoit point blessé.

Apres mille discours dignes d'vn grand volume,
On appelle vn vallet, la chandelle s'allume:
On apporte la nappe, & met-on le couuert,
Et suis parmy ces gens comme vn homme sans vert,
Qui fait en rechignant aussi maigre visage,
Qu'vn Renard que Martin porte au Louure en sa
    cage.

Vn long-temps sans parler ie regorgois d'ennuy,
Mais n'estant point garand des sottises d'autruy,
Ie creu qu'il me falloit d'vne mauuaise affaire
En prendre seulement ce qui m'en pouuoit plaire.
Ainsi considerant ces hommes & leurs soings
Si ie n'en disois mot ie n'en pense pas moings,
Et iugé ce lourdaut à son nez autentique,
Que c'estoit vn Pedant, animal domestique,
De qui la mine rogue & le parler confus,
Les cheueux gras & longs, & les sourcils touffus
Faisoient par leur sçauoir, comme il faisoit enten-
    dre,
La figue sur le nez au Pedant d'Alexandre.

F iiij

Satyre X.

Lors ie fus asseuré de ce que i'auois creu,
Qu'il n'est plus Courtisan de la Cour si recreu.
Pour faire l'entēdu qu'il n'ait pourquoy qu'il vaille,
Vn Poëte, un Astrologue, ou quelque Pedentaille,
Qui durant ses Amours auec son bel esprit
Couche de ses faueurs l'histoire par escrit,
Maintenant que l'on voit & que ie vous veux dire,
Tout ce qui se fist là digne d'vne Satyre.
Ie croirois faire tort à ce Docteur nouueau;
Si ie ne luy donnois quelque traicts de pinceau;
Mais estant mauuais peintre ainsi que mauuais
   Poëte,
Et que i'ay la ceruelle & la main mal adroitte.
  O Muse ie t'inuoque! emmielle moy le bec,
Et bandes de tes mains les nerfs de ton rebec,
Laisse moy là Phœbus chercher son auanture,
Laisse moy son B. mol, prend la clef de Nature.
Et vien simple sans fard, nuë & sans ornement.
Pour accorder ma fluste auec ton instrument
  Dy moy comme sa race autres-fois ancienne
Dedans Rome accoucha d'vne Patricienne,
D'où nasquit dix Catos & quatre vingts Preteurs,
Sans les Historiens & tous les Orateurs:
Mais non venons à luy, dont la maussade mine,
Ressēble vn de ces Dieux des coutaux de la Chine,
Et dont les beaux discours plaisamment estourdis
Feroient creuer de rire vn sainct de Paradis.

SATYRE X.

Son teint iaune enfumé de couleur de malade,
Feroit donner au Diable, & ceruze, & pommade,
Et n'est blanc en Espaigne à qui ce Cormoran
Ne fasse renier la loy de l'Alcoran.

Ses yeux bordez de rouge esgarez sembloiët estre,
L'vn à Mont-marthe, & l'autre au chasteau de Bi-
  cestre:
Toutesfois redressant leur entre-pas tortu,
Ils guidoient la ieunesse au chemin de vertu.

Son nez haut releué sembloit faire la nique
A l'Ouide Nason au Scipion Nasique,
Ou maints rubiz balez tous rougissants de vin
Monstroient vn HAC ITVR à la pomme de pin.
Et preschãt la vendange asseuroiët en leur trongne,
Qu'vn ieune Medecin vit moins qu'vn vieux
  yurongne.

Sa bouche est grosse & torte, & semble en son porfil,
Celle-là d'Alizon qui retordant du fil
Fait la mouë aux passans, & feconde en grimace,
Baue comme au Prin-temps vne vieille limace.

Vn rateau mal rangé pour ses dents paroissoit,
Où le chancre & la roüille en monceaux s'amassoit,
Dont pour lors ie congneus grondant quelques pa-
Qu'expert il en sçauoit creuer ses euerolles, (rolles
Qui me fist biẽ iuger qu'aux veilles des bons iours
Il en souloit roigner ses ongles de velours.

Sa barbe sur sa iouë esparse à l'auanture,

Où l'art est en colere auecque la nature,
En Bosquets s'esleuoit, où certains animaux
Qui des pieds, non des mains, luy faisoient mille
    maux.

Quant au reste du corps il est de telle sorte
Qu'il semble que ses reins & son espaule torte,
Façent guerre à sa teste, & par rebellion,
Qu'ils eussent entassé Osse sur Pellion:
Tellement qu'il n'a rien en tout son attelage,
Qui ne suiue au galop la trace du visage.

Pour sa robbe elle fut autre qu'elle n'estoit
Alors qu'Albert le Grand aux festes la portoit;
Mais tousiours recousant piece à piece nouuelle,
Depuis trente ans c'est elle, & si ce n'est pas elle:
Ainsi que ce vaisseau des Grecs tant renommé
Qui suruescut au temps qu'il auoit consommé,
Vne taigne affamée estoit sur ses espaules,
Qui traçoit en Arabe vne Carte des Gaules:
Les pieces & les trous semez de tous costez,
Representoient les Bourgs, les monts, & les Citez:
Les filets separez qui se tenoient à peine,
Imitoient les ruisseaux coulans dans vne pleine.
Les Alpes en iurant luy grimpoient au collet,
Et Sauoy' qui plus bas ne pend qu'à vn fillet.

Les puces & les poux & telle autre quenaille,
Aux plaines d'alentour se mettoient en bataille,

Satyre X.

Qui les places d'autruy par armes vsurpant
Le titre disputoient au premier occupant.
  Or dessous ceste robbe, illustre & venerable,
Il auoit vn iuupon, non celuy de Constable:
Mais vn qui pour vn temps suiuit l'arriere-ban,
Quand en premiere nopce il seruit de caban
Au croniqueur Turpin, lors que par la campagne
Il portoit l'arbalestre au bon Roy Charlemagne,
Pour asseurer si c'est, ou laine, ou soye, ou lin,
Il faut en deuinaille estre maistre Gonin.
  Sa ceinture honorable ainsi que ses iartieres,
Furent d'vn drap du seau, mais i'entends de li-
  zieres
Qui sur maint Cousturier iouerent maint rollet,
Mais pour l'heure presente ils sangloient le mulet.
  Vn mouchoir & des gands auecq' ignominie
Ainsi que des larrons pendus en compagnie,
Luy pendoient au costé, qui sembloit en lambeaux,
Crier en se mocquant vieux linges, & vieux dra-
  peaux.
De l'autre brimballoit vne clef fort honneste,
Qui tire à sa cordelle vne noix d'arbaleste.
  Ainsi ce personnage en magnifique arroy,
Marchant pedetentim s'en vint iusques à moy;
Qui sentis à son nez, à ses leures décloses,
Qui fleuroit bien plus fort, mais non pas mieux
  que roses.

Il me parle latin, il allegue, il discourt,
Il reforme à son pied les humeurs de la Court:
Qu'il a pour enseigner vne belle maniere
Que sa robe il a veu la matiere premiere,
Qu'Epicure est yurongne, Hypocrate vn bourreau,
Que Bartolle & Iason ignorent le barreau:
Que Virgille est passable, encor' qu'en quelques pa-
Il meritast au Louure estre chifflé des Pages, (ges,
Que Pline est inesgal, Terence vn peu ioly,
Mais sur tout il estime vn langage poly.   (dre,
    Ainsi sur chasque Autheur il trouue dequoy mor-
L'vn n'a point de raisõs,& l'autre n'a point d'ordre,
L'autre auorte auãt temps des œuures qu'il conçoit,
Or il vous prend Macrobe & luy donne le foït,
Ciceron il s'en taist d'autant que l'on le crie
Le pain quotidian de la Pedanterie,
Quant à son iugement il est plus que parfait
Et l'immortalité n'ayme que ce qu'il fait,
Par hazard disputant si quelqu'vn luy replique,
Et qu'il soit à quia, vous estes heretique:
Ou pour le moins fauteur, ou vous ne sçauez point
Ce qu'en mon manuscrit i'ay noté sur ce point,
    Comme il n'est rien de simple aussi rien n'est du-
        rable
De pauure on deuient riche,& d'heureux miserable,
Tout se change qui fist qu'on changea de discours,
Apres maint entretien, maints tours, & maints
    retours,

SATYRE X.

Vn vallet se leuant le chapeau de la teste
Nous vint dire tout haut que la souppe estoit preste:
Ie congneu qu'il est vray ce qu'Homere en escrit,
Qu'il n'est rien qui si fort nous resueille l'esprit,
Car i'eus au son des plats l'ame plus alteree
Que ne l'auroit vn chien au son de la curee:
Mais comme vn iour d'Esté ou le soleil reluit,
Ma ioye en moins d'vn rien comme vn éclair s'en-
  fuit,
Et le Ciel qui des dents me rid à la pareille,
Me bailla gentiment le lieure par l'oreille:
Et comme en vne montre ou les passe-volans
Pour se monstrer soldats sont les plus insolens:
Ainsi parmy ces gens vn gros vallet d'estable,
Glorieux de porter les plats dessus la table,
D'vn nez de Maiordome, & qui morgue la faim,
Entra seruiette au bras & fricassee en main,
Et sans respect du lieu, du Docteur ny des sausses,
Heurtãt table & treteaux versa tout sur mes chauf-
  (ses:
On le tançe, il s'excuse, & moy tout resolu,
Puis qu'à mon dam le Ciel l'auoit ainsi voulu,
Ie tourne en raillerie vn si fascheux mistere
De sorte que Monsieur m'obligea de s'en taire,
Sur ce point on se laue, & chacun en son rang,
Se met dans vne chaire ou s'assied sur vn banc:
Suiuant ou son merite, ou sa charge, ou sa race

Des niais sans prier ie me mets en la place,
Ou i'estois resolu faisant autant que trois
De boire & de manger comme aux veilles des Rois:
Mais à si beau dessein defaillant la matiere,
Ie fus enfin contraint de ronger ma littiere:
Comme vn asne affamé qui n'a chardons ny foing,
N'ayant pour lors dequoy me saouler au besoing.

 Or entre tous ceux-là qui se mirent à table,
Il n'en estoit pas vn qui ne fust remarcable,
Et qui sans esplucher n'aualast l'Eperlan,
L'vn en titre d'office exerçoit vn berlan:
L'autre estoit des suiuants de Madame Lipee,
Et l'autre cheualier de la petite espee,
Et le plus sainct d'entr'eux (sauf le droict du cor-
 deau)
Viuoit au Cabaret pour mourir au bordeau.

 En forme d'Eschiquier les plats rangez sur table,
N'auoient ny le maintien, ny la grace accostable,
Et bien que nos disneurs mengeassent en Sergens
La viande pourtant ne prioit point les gens:
Mon Docteur de Menestre en sa mine alteree,
Auoit deux fois autant de mains que Briaree,
Et n'estoit quel qu'il fust morceau dedans le plat,
Qui des yeux & des mains n'eust vn escheq & mat.
D'où i'aprins en la cuitte aussi bien qu'en la cruë,
Que l'âme se laissoit piper comme vne Gruë:
Et qu'aux plats comme au lict auec lubricité

SATYRE X.

Le peché de la chair tentoit l'humanité.
 Deuant moy iustement on plante vn grand po-
 tage,
D'où les mousches à ieun se sauuoient à la nage:
Le broüet estoit maigre, & n'est Nostradamus
Qui l'Astrolabe en main ne demeurast camus,
Si par galanterie ou par sottise expresse
Il y pensoit trouuer vne estoille de gresse:
Pour moy si i'eusse esté sur la mer de Leuant,
Où le vieux Louchaly fendit si bien le vent,
Quãd sainct Marc s'habilla des enseignes de Trace;
Ie la comparerois au golphe de Patrasse,
Pour ce qu'on y voyoit en mille & mille parts
Les mousches qui flottoient en guise de Soldarts,
Qui morts sembloient encor' dans les ondes salees
Embrasser les charbons des Galeres bruslees.
 I'oy ce semble quelqu'vn de ces nouueaux Do-
 cteurs,
Qui d'estoc & de taille estrillent les Autheurs,
Dire que ceste exemple est fort mal assortie
Homere, & non pas moy t'en doit la garantie,
Qui dedans ces escrits, en des certains effets
Les compare peut-estre aussi mal que ie faits.
 Mais retournons à table on l'esclanche en ceruelle
Des dents & du chalan separoit la querelle,
Et sur la nappe allant de quartier en quartier
I lus dru qu'vne nauette au trauers d'vn mestier,

Gliſſoit de main en main ou ſans perdre auantage
Ebrechant le couſteau teſmoignoit ſon courage:
Et durant que Brebis elle fut parmy nous
Elle ſçeut brauement ſe deffendre des loups,
Et de ſe conſeruer elle miſt ſi bon ordre,
Que morte de vieilleſſe elle ne ſçauroit mordre:
A quoy glouton oyſeau du ventre renaiſſant
Du filz du bon Iapet te vas-tu repaiſſant,
Aſſez, & trop long-temps, ſon poulmon tu gour-
    mandes,
La faim ſe renouuelle au change des viandes:
Laiſſant là ce larron, vien icy deſormais
Ou la tripaille eſt fritte en cent ſortes de mets.
Or durant ce feſtin Damoyſelle famine
Auec ſon nez etique, & ſa mourante mine,
Ainſi que la charté par Edit l'ordonna
Faiſoit vn beau diſcours deſſus l'alezina,
Et nous torchant le bec aleguoit Symonide
Qui dict pour eſtre ſain qu'il faut maſcher à vuide,
Au reſte à manger peu, Monſieur beuuoit d'autant,
Du vin qu'à la tauerne on ne payoit contant,
Et ſe faſchoit qu'vn Iean bleçé de la Logique,
Luy barboüilloit l'eſprit d'vn ergo Sophiſtique.

  Eſmiant quant à moy du pain entre mes doigts,
A tout ce qu'on diſoit doucet ie m'accordois:
Leur voyant de piot la ceruelle eſchauffée,
De peur (comme l'on dict) de courroucer la Fée.
                                 Mais

SATYRE X.

Mais a tant d'accidents l'vn sur l'autre amaßéz,
Sçachant qu'il en falloit payer les pots caßez:
E rage sans parler ie m'en mordois la léure
Et n'est Iob de despit qui n'en eust pris la chéure:
Car vn limier boiteux de galles d'amaßé
Qu'on auoit d'huile chaude & de souffre greßé:
Ainsi comme vn verrat enueloppé de fange
Quand sous le corcelet la crasse luy demange,
Se bouchonne par tout, de mesme en pareil cas
Ce rongneux las d'aller se frottoit à mes bas
Et fust pour estriller ses galles ou ses crottes
De sa grace il greßa mes chausses pour mes bottes
En si digne façon que le frippier Martin
Auec sa malle-tache y perdroit son Latin.
   Ainsi qu'en ce despit le sang m'eschaffoit l'ame
Le monsieur son Pedant à son aide reclame,
Pour soudre l'argument, quand d'vn sçauant parler,
Il est, qui fait la mouë aux chimeres en l'air
Le Pedant tout fumeux de vin & de doctrine
Respond, Dieu sçait comment le bon Iean se mu-
   tine,
Et sembloit que la gloire en ce gentil assaut
Fust à qui parleroit non pas mieux mais plus haut,
Ne croyez en parlant que l'vn ou l'autre dorme,
Comment vostre argument dist l'vn n'est pas en
   forme
L'autre tout hors du sens, mais c'est vous mal-autru

G

SATYRE X.

Qui faites le sçauant & n'estes pas congru.
L'autre, Monsieur le sot ie vous feray bien taire.
Quoy?comment?est-ce ainsi qu'on frape Despautere?
Quelle incongruité, vous mentez par les dents,
Mais vous, ainsi ces gens à se picquer ardents,
S'en vindrent du parler à tic tac, torche, lorgne,
Qui casse le museau, qui son riual éborgne,
Qui iette vn pain, vn plat vne assiette vn couteau,
Qui pour vne rondache empoigne vn escabeau,
L'vn faict plus qu'il ne peut, & l'autre plus qu'il
n'ose,
Et pense en les voyant voir la Metamorphose,
Ou les Centaures souz au Bourg Athracien,
Voulurent chauds de rains faire nopces de chien,
Et cornus du bon pere encorner le Lapite,
Qui leur fist à la fin enfiler la garitte,
Quand auecque des plats, des treteaux, des tisons,
Par force les chassants my-morts de ses maisons,
Il les fist gentiment apres la Tragedie,
De Cheuaux deuenir gros Asnes d'Arcadie :
Noz gens en ce combat n'estoiēt moins inhumains,
Car chacun s'escrimoit & des pieds & des mains :
Et comme eux tous sanglants en ces doctes alarmes,
La fureur aueuglee en main leur mist des armes :
Le bon Iean crie au meurtre, & ce Docteur barault,
Le Monsieur dist tout-beau, l'on apelle Girault,
A ce nom voyant l'homme & sa gentille trongne.

SATYRE X.

En memoire aussi-tost me tomba la Gascongne.
Ie cours à mon manteau, ie descens l'escalier,
Et laisse auec ces gens Monsieur le cheualier,
Qui vouloit mettre barre entre ceste canaille,
Ainsi sans coup ferir ie sors de la bataille,
Sans parler de flambeau, ny sans faire autre bruit,
Croyez qu'il n'estoit pas, O nuict ialouse nuict,
Car il sembloit qu'on eust auueuglé la nature,
Et faisoit vn noir brun d'aussi bonne teinture,
Que iamais on en vit sortir des Gobelins,
Argus pouuoit passer pour vn des Quinze vingts:
Qui pis-est il pleuuoit d'vne telle maniere:
Que les reins par despit me seruoient de goutiere:
Et du haut des maisons tomboit vn tel degout,
Que les chiens alterez pouuoient boire debout.

Alors me remettant sur ma philosophie,
Ie trouue qu'en ce monde il est sot qui se fie,
Et se laisse conduire, & quant aux Courtisans,
Qui doucets & gentils font tant les suffisans,
Ie trouue les mettant en mesme patenostre,
Que le plus sot d'entr'eux est aussi sot qu'vn autre:
Mais pour ce qu'estant là ie n'estois dans le grain,
Aussi que mon manteau la nuict craint le serain,
Voyant que mon logis estoit loin, & peut estre,
Qui pourroit en chemin changer d'air & de maistre,
Pour esuiter la pluye à l'abry de l'auuent,
I'allois doublant le pas, comme vn qui fend le vent,

G

SATYRE X.

Quand bronchāt lourdement en vn mauuais passage
Le Ciel me fist iouer vn autre personnage :
Car heurtant vne porte en pensant m'accoter,
Ainsi qu'elle obeit ie viens à culbuter :
Et s'ouurant à mon heurt, ie tombay sur le ventre,
On demande que c'est, ie me releue, i'entre :
Et voyant que le chien n'aboyoit point la nuict,
Que les verroux gressez ne faisoient aucun bruit :
Qu'on me rioit au nez, & qu'vne chambriere,
Vouloit monstrer ensemble, & cacher la lumiere :
I'y suis, ie le voy bien, ie parle l'on respond,
Ou sans fleurs de bien dire, ou d'autre art plus pro-
   fond,
Nous tombasmes d'accord, le monde ie contemple,
Et me retrouue en lieu de fort mauuais exemple :
Toutesfois il falloit en ce plaisant malheur,
Mettre pour me sauuer en danger mon honneur.
   Puis donc que ie suis là, & qu'il est pres d'vne
   heure,
N'esperant pour ce iour de fortune meilleure,
Ie vous laisse en repos, iusques à quelques iours,
Que sans parler Phœbus ie feray le discours
De mon giste, ou pensant reposer à mon ayse,
Ie tombé par malheur de la poisle en la braise.

F I N.

SATYRE XI.
SVITTE.

Oyez que c'est du monde, & des cho-
ses humaines
Tousiours à nouueaux maux naissent
nouuelles peines,
Et ne m'ont les destins à mon dam trop constans
Iamais apres la pluye enuoyé le beau-temps,
Estant né pour souffrir ce qui me reconforte,
C'est que sans murmurer la douleur ie supporte,
Et tire ce bon-heur du mal-heur ou ie suis,
Que ie fais en riant bon visage aux ennuis,
Que le Ciel affrontant ie nazarde la Lune,
Et voy sans me troubler l'vne & l'autre fortune.

   Pour lors bien m'en vallut: car contre ces assauts
Qui font lors que i'y pense encor' que ie tressauts:
Petrarque & son remede y perdant sa rondache
En eust de mariss'on ploré comme vne vache.

   Outre que de l'obiect la puissance s'esmeut,
Moy qui n'ay pas le nez d'estre Iean qui ne peut,
Il n'est mal dont le sens la nature resueille,
Qui Ribaut ne me prist ailleurs que par l'oreille.

                             G iij

Entré doncq' que ie fus en ce logis d'honneur,
Pour faire que d'abord on me traitte en Seigneur,
Et me rendre en Amour d'autant plus aggreable,
La bourse destiant ie mis piece sur table,
Et guarissant leur mal du premier appareil,
Ie fis dans vn escu reluire le Soleil,
De nuict dessus leur front la ioye estincelante,
Monstroit en son midy que l'ame estoit contente,
Deslors pour me seruir chacun se tenoit prest,
Et murmuroient tout bas, l'honneste home que c'est,
Toutes à qui mieux mieux s'esforçoiët de me plaire,
L'on allume du feu dont i'auois bien affaire,
Ie m'aproche, me sieds, & m'aidant au besoing,
Ia tout appriuoise ie mangeois sur le poing,
Quand au flamber du feu trois vieilles rechignees,
Vinrent à pas contez comme des erignees,
Chacune sur le cul au foyer s'accropit,
Et sembloient se plaignant marmoter par despit,
L'vne comme vn fantosme affreusement hardie,
Sembloit faire l'entree en quelque Tragedie,
L'autre vne Egyptienne en qui les rides font,
Contre-escarpes, rampards, & fossez sur le front.
L'autre qui de soy-mesme estoit diminutiue,
Ressembloit transparante vne larterne viue,
Dont quelque Paticier amuse les enfans,
Ou des oysons bridez, Guenuches, Elefans,
Chiens, chats, liéures, renards, & maint estrange
  beste,

Courent l'vne apres l'autre, ainsi dedans sa teste
Voyoit-on clairement au trauers de ses os,
Ce dont sa fantasie animoit ses propos.
Le regret du passé, du present la misere,
La peur de l'auenir, & tout ce qu'elle espere.
Des biens que l'Hypocondre en ses vapeurs promet,
Quand l'humeur ou le vin luy barboüillent l'armet,
L'vne se pleint des reins, & l'autre d'vn côtaire,
L'autre du mal des dents, & comme en grand mi-
stere,
Auec trois brins de sauge, vne figue d'antan.
Vn va-t'en, si tu peux, vn si tu peux va-t'en.
Escrit en peau d'oignon, entouuroit sa machoire,
Et toutes pour guarir se reforcoient de boire.
 Or i'ignore en quel champ d'honneur & de vertu,
Ou dessous quels drapeaux elles ont combatu.
Si c'estoit mal de Sainct ou de fiéure-quartaine,
Mais ie sçay bien qu'il n'est Soldat ny Capitaine,
Soit de gens de cheual, ou soit de gens de pié,
Qui dans la charité soit plus estropié.
Bien que maistre Denis soit sçauant en Sculture,
Fist-il auec son arc quinaude la nature,
Ou comme Michel l'Ange eust-il le Diable au corps,
Si ne pourroit-il faire auec tous ses efforts,
De ces trois corps tronquez vne figure entiere,
Manquant à cet effect, non l'art mais la matiere

G iiij

En tout elles n'auoient seulement que deux yeux
Encore bien flétris, rouges & chassieux,
Que la moitié d'vn nez, que quatre dëts en bouche,
Qui durant qu'il fait vent branlent sans qu'on les touche,
Pour le reste il estoit comme il plaisoit à Dieu,
En elles la santé n'auoit ny feu ny lieu :
Et chacune a par-soy representoit l'idolle,
De fiéures, de la peste, & de l'orde verolle.
   A ce piteux spectacle il faut dire le vray
I'euz vne telle horreur que tant que ie viuray,
Ie croiray qu'il n'est rien au monde qui guarisse
Vn homme vicieux comme son propre vice.
   Toute chose depuis me fut à contre-cœur
Bien que d'vn cabinet sortist vn petit cœur,
Auec son chapperon, sa mine de pouppee,
Disant i'ay si grand peur de ces hommes d'espee
Que si ie n'eusse veu qu'esties vn Financier,
Ie me fusse plustost laissé crucifier,
Que de mettre le nez ou ie n'ay rien affaire,
Iean mon mary, Monsieur, il est Apoticaire.
Sur tout viue l'Amour, & bran pour les Sergens,
Ardez, voire, c'est-mon, ie me cognois en gens,
Vous estes, ie voy bien, grand abbateur de quilles,
Mais au reste honneste homme, & payez bien les filles,
Cognoissez-vous, mais non, ie n'ose le nommer,

SATYRE XI.

Ma foy c'est vn braue homme & bien digne d'ay-
(mer,
Il sent tousiours si bon, mais quoy vous l'iriez dire:
Cependant de despit il semble qu'on me tire
Par la queuë vn matou, qui m'escrit sur les reins,
De griffes & de dents mille alibis forains :
Comme vn singe fasché i'en dy ma patenostre,
De rage ie maugree & le mien & le vostre,
Et le noble vilain qui m'auoit attrapé
Mais Mõsieur, me dist-elle, auez-vous point soupé.
Ie vous prie notez l'heure, & bien que vous en sem-
(ble,
Estes-vous pas d'auis que nous couchions ensemble:
Moy crotté iusqu'au cul, & moüillé iusqu'à l'os,
Qui n'auois dans le lict besoin que de repos:
Ie faillis à me pendre oyant que ceste lice,
Effrontément ainsi me presentoit la lice.
On parle de dormir i'y consens à regret,
La Dame du logis me mene au lieu secret,
Allant on m'entretient de Ieanne & de Macette,
Par le vray Dieu que Ieãne estoit & claire & nette,
Claire comme vn bassin, nette comme vn denier,
Au reste, fors Monsieur, que i'estois le premier.
Pour elle qu'elle estoit niepce de Dame Auoye,
Qu'elle feroit pour moy de la fauce monnoye.
Qu'elle eust fermé sa porte à tout autre qu'à moy,
Et qu'elle m'aymoit plus mille fois que le Roy,

Estourdy de cacquet ie feignois de la croire,
Nous montons, & montans d'vn c'est-mon & d'vn
　　voire.
Doucement en riant i'apointois noz procez,
La montee estoit torte & de fascheux accez,
Tout branloit dessous nous iusqu'au dernier estage,
D'eschelle en eschelon comme vn linot en cage,
Il falloit sauteller & des pieds s'approcher
Ainsi comme vne chéure en grimpant vn rocher.
Apres cèt soubres-sauts nous vismes en la chambre,
Qui n'auoit pas le goust, de musc, ciuette, ou d'äbre.
La porte en estoit basse, & sembloit vn guichet,
Qui n'auoit pour serrure autre engin qu'vn crochet.
Six douues de poinçon seruoient d'aix & de barre,
Qui baillant grimassoient d'vne façon bizarre,
Et pour se reprouuer de maunais entretien,
Chacune par grandeur se tenoit sur le sien.
Et loin l'vne de l'autre en leur mine alteree
Monstroient leur saincte vie estroite & retiree.

　Or comme il pleut au Ciel en trois doubles plié,
Entrant ie me heurté la caboche & le pié,
Dont ie tombe en arriere estourdi de ma cheute,
Et du haut iusqu'au bas ie fis la cullebutte:
De la teste & du cul contant chaque degré,
Puis que Dieu le voulut ie prins le tout à gré.
Aussi qu'au mesme temps voyant choir ceste Dame,
Par ie ne sçay quel trou ie luy vis iusqu'à l'ame,

SATYRE X.

Qui fist en ce beau sault m'esclatant comme vn fou,
Que ie prins grand plaisir à me rompre le cou.
Au bruit Macette vint, la chandelle on apporte,
Car la nostre en tombant de frayeur estoit morte:
Dieu sçait comme on la vit & derriere & deuant,
Le nez sur les carreaux & le fessier au vent,
De quelle charité l'on soulagea sa peine,
Cependant de son long sans poux & sans haleine,
Le museau vermoulu, le nez escarboüillé,
Le visage de poudre & de sang tout soüillé.
Sa teste descouuerte ou l'on ne sçait que tondre,
Et lors qu'on luy parloit qui ne pouuoit respondre,
Sans collet, sans beguin, & sans autre affiquet,
Ses mulles d'vn costé de l'autre son tocquet.
En ce plaisant mal-heur ie ne sçaurois vous dire
S'il en falloit pleurer ou s'il en falloit rire?
Apres cest accident trop-long pour dire tout,
A deux bras on la prend & la met-on debout,
Elle reprend courage, elle parle elle crie,
Et changeant en vn rien sa douleur en furie,
Dist à Ieanne en mettant la main sur le roignon,
C'est mal-heureuse toy qui me porte quignon:
A d'autre beaux discours la collere la porte,
Tant que Macette peut elle la reconforte:
Cependant ie la laisse & la chandelle en main,
Regrimpant l'escalier ie suy mon vieux dessein.

SATYRE XI.

I'entre dans ce beau lieu, plus digne de remarque
Que le riche Palais d'vn superbe Monarque.
Estant là ie furette aux recoings plus cachez,
Où le bon Dieu voulut que pour mes vieux pechez,
Ie sceusse le despit dont l'âme est forcenee,
Lors que trop curieuse ou trop endemenee,
Rodant de tous costez & tournant haut & bas,
Elle nous fait trouuer ce qu'on ne cherche pas.
Or en premier item souz mes pieds ie rencontre
Vn chaudron ebreché, la bourse d'vne monstre:
Quatre boëtes d'vnguents, vne d'alun bruslé,
Deux gands depariez, vn manchon tout pelé.
Trois fiolles d'eau bleuë, autrement d'eau seconde,
La petite seringue, vne esponge, vne sonde.
Du blanc, vn peu de rouge, vn chifon de rabat,
Vn balet pour brusler en allant au Sabat.
Vne vieille lanterne, vn tabouret de paille,
Qui s'estoit sur trois pieds sauué de la bataille,
Vn baril defoncé, deux bouteilles sur-cu,
Qui disoient sans goulet nous auons trop vescu:
Vn petit sac tout plein de poudre de Mercure,
Vn vieux chapperon gras de mauuaise teinture.
Et dedans vn coffret qui s'ouure auecq' enhan,
Ie trouue des tisons du feu de la sainct Iean,
Du sel, du pain benit, de la feugere, vn cierge,
Trois dents de mort pliez en du parchemin vierge.
Vne Chauue-souris, la carcasse d'vn Gay,

De la greſſe de loup & du beurre de May.
Sur ce point Ieanne arriue & faiſant la doucette,
Qui vit ceans ma foy n'a pas beſongne faite:
Touſiours à nouueau mal nous vient nouueau ſoucy,
Ie ne ſçay quant à moy quel logis c'eſt icy.
Il n'eſt par le vray Dieu iour ouurier ny feſte,
Que ces carongnes là ne me rompent la teſte,
Bien bien, ie m'en iray ſi toſt qu'il fera iour,
On trouue dans Paris d'autres maiſons d'amour.
Ie ſuis là cependant comme vn que l'on n'azarde,
Ie demande que c'eſt? hé! ny prenez pas garde,
Ce me reſpondit-elle, on n'auroit iamais fait,
Mais bran, bran, i'ay laiſſé la-bas mon attifet,
Touſiours apres ſoupper ceſte vilaine crie.
Monſieur n'eſt-il pas temps, couchons-nous ie vous
    prie.
Cependant elle met ſur la table les dras,
Qu'en bouchons tortillez elle auoit ſous le bras:
Elle approche du lict fait d'vne eſtrange ſorte,
Sur deux treteaux boiteux ſe couchoit vne porte,
Où le lict repoſoit, auſſi noir qu'vn ſoüillon,
Vn garderobe gras ſeruoit de pauillon,
De couuerte vn rideau, qui fuyant (vert & iaune)
Les deux extremitez, eſtoit trop court d'vne aune.
Ayant conſideré le tout de point en point,
Ie fis vœu ceſte nuict de ne me coucher point,
Et de dormir ſur pieds comme vn coq ſur la perche,

Mais Ieanne tout en rut, s'oproche & me recherche,
D'amour ou d'amitié, duquel qu'il vous plaira,
Et moy, maudit soit-il, m'amour qui le fera,
Polyenne pour lors me vint en la pensee,
Qui sçeut que vaut la femme en amour offensee,
Lors que par impuissance, ou par mespris la nuit,
On fauce compagnie ou qu'on manque au desduit,
C'est pourquoy i'euz grand peur qu'on me troussast
    en malle,
Qu'on me fouëtast pour voir si i'auois point la galle,
Qu'on me crachast au nez, qu'ē perche on me le mist
Et que l'on me bernast si fort qu'on m'endormist,
Ou me baillant du Iean Ieanne vous remercie,
Qu'on me tabourinast le cul d'vne vessie,
Cela fut bien à craindre & si ie l'euité,
Ce fut plus par bon-heur que par dexterité,
Ieanne non moins que Circe entre ses dents mur-
    mure,
Sinon tant de vengeance, aumoins autant d'iniure,
Or pour flater enfin son mal-heur & le mien,
Ie dis quand ie fais mal, c'est quand ie paye bien,
Et faisant reuerence à ma bonne fortune,
En la remerciant ie le conte pour vne.
Ieanne rongeant son frein de mine s'apaisa
Et prenant mon argent en riant me baisa,
Non pour ce que i'en dis, ie n'en parle pas, voire,
Mon maistre pensez-vous i'entēds biē le grimoire,

SATYRE XI.

Vous estes honneste homme & sçauez l'entre-gent,
Mais monsieur crayez-vous que ce soit pour l'argēt,
I'en faits autant d'estat comme de chaneuottes,
Nō, ma foy i'ay encores vn demy-ceint, deux cottes,
Vne robe de sarge, vn chapperon, deux bas,
Trois chemises de lin, six mouchoirs deux rabats,
Et ma chambre garnie aupres de sainct Eustache,
Pourtant ie ne veux pas que mon mary le sçache:
Disant cecy tousiours son lict elle brassoit,
Et les linceux trop cours par les pieds tirassoit,
Et fist à la fin tant par sa façon adroite,
Qu'elle les fist venir à moitié de la coite,
Dieu sçait quels lacs d'amour, quels chiffres, quel-
  les fleurs,
De quels compartiments & combien de couleurs,
Releuoient leur maintien, & leur blancheur naifue,
Blanchie en vn siué, non dans vne lesciue.
Comme son lict est fait, que ne vous couchez-vous,
Monsieur n'est-il pas temps, & moy de filer dous,
Sur ce psint elle vient, me prend & me détache,
Et le pourpoint du dos par force elle m'arrache,
Comme si nostre ieu fust au Roy despoüillé,
I'y resiste pourtant, & d'esprit embroüillé,
Comme par compliment ie tranchois de l'honneste,
Ny pouuant rien gaigner ie me gratte la teste.
A la fin ie pris cœur, resolu d'endurer,
Ce qui pouuoit venir sans me desesperer,

Qui fait vne follie il la doit faire entiere,
Ie détache vn foüillé, ie m'oste vne iartiere,
Froidement toutesfois, & semble en ce coucher,
Vn enfant qu'vn Pedant contraint se détacher,
Que la peur tout ensemble esperonne & retarde
A chacune esguillette il se fasche, regarde,
Les yeux couuers de pleurs, le visage d'ennuy,
Si la grace du Ciel ne descend point sur luy.
L'on heurte sur ce point, Catherine on appelle,
Ieanne pour ne respondre estaignit la chandelle,
Personne ne dit mot l'on refrappe plus fort,
Et faisoit-on du bruit pour reueiller vn mort:
A chaque coup de pied toute la maison tremble,
Et semble que le feste à la caue s'assemble.
Bagasse ouuriras-tu? c'est cestuy-cy, c'est-mon,
Ieanne ce temps-pendant me faisoit vn sermon.
Que Diable aussi, pourquoy? que voulez-vous qu'-
    on face,
Que ne vous couchiez-vous. Ces gẽs de là menace,
Venant à la priere essayoient tout moyen.
Or ilz parlent Soldat & ores Citoyen,
Ilz contrefont le guet & de voix magistrale,
Ouurez de par le Roy, au Diable vn qui deuale,
Vn chacun sans parler se tient clos & couuert,
Or comme à coups de pieds l'huis s'estoit presque
    ouuert.
Tout de bon le Guet vint, la quenaille fait Gille,
                                        Et moy

SATYRE XI.

Et moy qui iusques-là demeurois immobile
Attendant estonné le succez de l'assaut,
Ce pensé-ie il est temps que ie gaigne le haut,
Et troussant mon pacquet de sauuer ma personne:
Ie me veux r'habiller, ie cherche ie tastonne,
Plus estourdy de peur que n'est vn hanneton:
Mais quoy, plus on se haste & moins auance-t'on.
Tout comme par despit se trouuoit souz ma pate,
Au lieu de mon chappeau ie prens vne sauate,
Pour mon pourpoint ses bas, pour mes bas son collet,
Pour mes gands ses souliers, pour les miens vn bal-
  let,
Il sembloit que le Diable eust fait ce tripotage:
Or Ieanne me disoit pour me donner courage,
Si mon compere Pierre est de garde auiourd'huy,
Non, ne vous faschez point vous n'aurez point
  d'ennuy.
Cependant sans delay Messieurs frapent en maistre,
On crie patience, on ouure la fenestre.
Or sans plus m'amuser apres le contenu,
Ie descends doucement pied chaussé l'autre nu,
Et me tapis daguet derriere vne muraille,
On ouure & brusquement entra ceste quenaille,
En humeur de nous faire vn assez mauuais tour,
Et moy qui ne leur dist ny bon soir ny bon iour.
Les voyant tous passez, ie me sentis alaigre,
Lors dispos du talon ie vais comme vn chat maigre,

J'enfile la venelle, & tout leger d'effroy,
Ie cours vn fort long-temps sans voir derriere moy:
Iusqu'à tans que trouuant du mortier, de la terre,
Du bois, des estançons, mains plâtras mainte pierre,
Ie me sentis plustost au mortier embourbé,
Que ie ne m'aperçeus que ie fusses tombé.
 On ne peut esuiter ce que le Ciel ordonne,
Mon âme cependant de colere frisonne,
Et prenant s'elle eust peu le destin à party,
De despit à son nez elle l'eust dementy,
Et m'asseure qu'il eust reparé mon dommage,
Comme ie fus sus pieds enduit comme vne image,
I'entendis qu'on parloit, & marchant à grands pas,
Qu'on disoit hastons-nous ie l'ay laissé fort bas,
Ie m'aproche, ie voy, desireux de cognoistre,
Au lieu d'vn medecin il luy faudroit vn Prestre,
Dist l'autre, puis qu'il est si proche de sa fin,
Comment dist le valet estes-vous medecin,
Monsieur pardonnez-moy le Curé te demande,
Il s'en court, & disant Adieu me recommande,
Il laisse là monsieur fasché d'estre deceu.
Or comme allant tousiours de pres ie l'aperçeu,
Ie cogneu que c'estoit nostre amy ie l'aproche,
Il me regarde au nez, & riant me reproche.
Sans flambeau l'heure indeuë & de pres me voyant,
Fangeux comme vn pourceau le visage effroyant,

SATYRE XI.

Le manteau sous le bras, la façon assoupie,
Estes-vous trauaillé de la Licantropie,
Dist-il en me prenant pour me taster le pous,
Et vous, dy-ie Monsieur, quelle fiéure auez-vous?
Vous qui tranchez du sage ainsi parmy la ruë,
Faites vous sus vn pied toute la nuict la gruë,
Il voulut me conter comme on l'auoit pipé,
Qu'vn valet du sommeil ou de vin occupé,
Souz couleur d'aller voir vne femme malade
L'auoit galantement payé d'vne cassade:
Il nous faisoit bon voir tous deux bien estonnez,
Auant iour par la ruë auecq' vn pied de nez,
Luy pour s'estre leué esperant deux pistoles,
Et moy tout las d'auoir receu tant de bricolles,
Il se met en discours, ie le laisse en riant,
Aussi que ie voyois aux riues d'Oriant
Que l'aurore s'ornant de saffran & de roses,
Se faisant voir à tous faisoit voir toutes choses,
Ne voulant pour mourir qu'vne telle beauté
Me vist en se leuant si sale & si croté,
Elle qui ne m'a veu qu'en mes habits de feste
Ie cours à mon logis, ie heurte, ie tempeste,
Et croyez à frapper que ie n'estois perclus:
On m'ouure, & mon valet ne me recognoist plus,
Monsieur n'est pas icy, que Diable a si bonne heure,
Vous frappez comme vn sourd, quelque temps ie
    demeure,

H ÿ

Ie le vois, il me voit, & demande estonné,
Si le moine bouru m'auoit point promené,
Dieu, comme estes-vous fait, il va, moy de le suiure,
Et me parle en riant comme si ie fusse yure,
Il m'allume du feu, dans mon lict ie me mets,
Auec vœu si ie puis de ny tomber iamais,
Ayant à mes despens appris ceste sentence
Qui gay fait vne erreur la soit à repentance,
Et que quand on se frotte auecq' les Courtisants,
Les branles de sortie en sont fort desplaisants,
Plus on penetre en eux plus on sent le remeugle,
Et qui troublé d'ardeur entre au bordel aueugle,
Quand il en sort il a plus d'yeux & plus aigus,
Que Lyncé l'Argonaute ou le ialoux Argus.

FIN.

117

A MONSIEVR
FREMINET.

SATYRE XII.

 N dit que le grand Peintre ayant fait
 vn ouurage,
Des iugements d'autruy, tiroit cest
 auantage,
Que selon qu'il iugeoit qu'ils estoiët vrais, ou faux,
Docile à son profit, reformoit ses defaux:
Or c'estoit du bon temps que la hayne & l'enuie,
Par crimes supposez n'attentoient qu'à la vie
Que le vray du propos estoit cousin germain,
Et qu'vn chacun parloit le cœur dedans la main.
  Mais que seruiroit-il maintenant de pretendre
S'amender par ceux-là qui nous viennent re-
  prendre,
Si selon l'interest tout le monde discourt:
Et si la verité n'est plus femme de Court:
S'il n'est bon Courtisan, tant frisé peut-il estre,

H iij

S'il a bon apetit, qu'il ne iure à son maistre,
Dés la pointe du iour, qu'il est midy sonné,
Et qu'au logis du Roy tout le monde a disné,
Estrange effronterie de si peu d'importance,
Mais de ce costé-là, ie leur donrois quittance,
S'ils vouloient s'obliger d'espargner leurs amis,
Ou par raison d'estat il leur est bien permis.

 Cecy pourroit suffire à refroidir vne âme,
Qui n'ose rien tenter pour la crainte du blasme,
A qui la peur de perdre, enterre le talent,
Non pas moy qui ne ry d'vn esprit nonchalant,
Qui pour ne faillir point retarde de bien faire:
C'est pourquoy maintenant ie m'expose au vulgaire
Et me donne pour butte aux iugements diuers.
Qu'vn chacun taille, rongne, & glose sur mes vers,
Qu'vn resueur insolent, d'ignorance m'acuse
Que ie ne suis pas net, que trop simple est ma Muse,
Que i'ay l'humeur bizarre, inesgal le cerueau,
Et s'il luy plaist encor' qu'il me relie en veau,

 Auant qu'aler si viste, au moins ie le suplie,
Sçauoir que le bon vin ne peut estre sans lie,
Qu'il n'est rien de parfait en ce monde auiourd'huy,
Qu'homme ie suis suiect à faillir comme luy:
Et qu'au surplus, pour moy, qu'il se face paroistre
Aussi vray que pour luy ie m'efforce de l'estre.

 Mais sçis-tu Freminet, ceux qui me blasmeront,
Ceux qui dedans mes vers leurs vices trouueront:

SATYRE XII.

A qui l'ambition, la nuict tire l'oreille,
De qui l'esprit auare en repos ne sommeille,
Tousiours s'alambiquant apres nouueaux partis,
Qui pour Dieu, ny pour loy, n'ont que leurs appetis :
Qui rodent toute nuict, troublez de ialousie,
A qui l'amour lascif regle la fantasie,
Qui preferent vilains le profit à l'honneur,
Qui par fraude ont rauy les terres d'vn mineur.

Telles sortes de gens vont apres les Poëtes,
Comme apres les Hiboux vont criant les Chuëttes :
Leurs femmes vous diront fuyez ce mesdisant,
Fascheuse est son humeur, son parler est cuisant,
Quoy monsieur ? n'est-ce pas cest homme à la Satyre,
Qui perdroit son amy plustost qu'vn mot pour rire,
Il emporte la piece ? & c'est la de par-Dieu,
(Ayant peur que ce soit celle-là du milieu)
Ou le soulier les blesse autrement ie n'estime
Qu'aucune eust volonté de m'accuser de crime.

Car pour elles depuis qu'elles viennent au point,
Elles ne voudroient pas que l'on ne le sceust point,
Vn grand contentement mal-aisement se celle :
Puis c'est des amoureux la regle vniuerselle,
De defferer si fort à leur affection
Qu'ils estiment honneur leur folle passion.

Et quant est de l'honeur de leurs maris, ie pense
Qu'aucune à bon escient n'en prendroit la deffence,

H iiij

SATYRE XII.

Sçachant bien qu'on n'est pas tenu par charité,
Le leur donner vn bien qu'elles leur ont osté.
　Voila le grand-mercy que i'auray de mes peines,
C'est le cours du marché des affaires humaines,
Qu'encores qu'vn chacun vaille icy bas son pris
Le plus cher toutesfois est souuent à mespris.
　Or amy ce n'est point vne humeur de mesdire
Qui m'ait fait rechercher ceste façon d'escrire:
Mais mon pere m'apprist que des enseignements,
Les humains aprentifs, formoient leurs iugemēts,
Que l'exemple d'autruy doibt rendre l'homme sage,
Et guettant à propos les fautes au passage,
Me disoit, considere, ou cest homme est reduict,
Par son ambition, cest autre toute nuict,
Boit auec des putains, engage son domaine,
L'autre sans trauailler, tout le iour se promeine,
Pierre le bon enfant aux dez a tout perdu,
Ces iours le bien de ●●● par decret fut vendu:
Claude ayme sa voisinne, & tout son bien luy donne:
Ainsi me mettant l'œil sur chacune personne
Qui valloit quelque chose, ou qui ne valloit rien,
M'aprenoit doucement, & le mal & le bien,
Affin que fuyant l'vn, l'autre ie recherchasse,
Ee qu'aux despens d'autruy sage ie m'enseignasse.
　Sçais-tu si ces propos me sçeurent esmouuoir,
Et contenir mon âme en vn iuste deuoir,
S'ils me firent penser à ce que l'on doit suiure

SATYRE XII.

Pour bien & iustement en ce bas monde viure.

Ainsi que d'vn voisin le trespas suruenu,
Fait resoudre vn malade en son lict detenu,
A prendre malgré luy tout ce qu'on luy ordonne,
Qui pour ne mourir point de crainte se pardonne.
De mesme les espris, debonnaires & doux,
Se façonnent prudens, par l'exemple des foux,
Et le blasme d'autruy, leur fait ces bons offices.
Qu'il leur aprend que c'est, de vertus & de vices.

Or quoy que i'aye fait, si m'en sont-ils restez,
Qui me pourront par l'âge à la fin estre ostez,
Ou bien de mes amis, auec la remonstrance,
Ou de mon bon Demon, suiuant l'intelligence:
Car quoy qu'on puisse faire, estant homme, on ne
   peut,
Ny viure comme on doit, ny viure comme on veut.
En la terre icy-bas, il n'habite point d'Anges:
Or les moins vicieux, meritent des loüanges,
Qui sans prendre l'autruy viuent en bon Chrestien,
Et sont ceux qu'on peut dire & saincts & gens de
   bien.

Quand ie suis à par moy souuent ie m'estudie,
(Tant que faire se peut apres la maladie)
Dont chacun est blessé, ie pense à mon deuoir,
I'ouure les yeux de l'âme, & m'efforce de voir,
Au trauers d'vn chacun, de l'esprit ie m'escrime,
Puis dessus le papier, mes caprices ie rime,

Dedans vne Satyre, ou d'vn œil doux amer,
Tout le monde s'y voit, & ne s'y sent nommer.
  Voyla l'vn des pechez, ou mon âme est encline,
On dit que pardonner est vne œuure diuine,
Celuy m'obligera qui voudra m'excuser,
A son goust toutesfois chacun en peut vser:
Quant à ceux du mestier, ils ont dequoy s'ébtre,
Sans aller sur le pré nous nous pouuons combatre,
Nous monstrant seulement de la plume ennemis,
En ce cas là, du Roy les duëls sont permis:
Et faudra que bien forte ils facent la partie,
Si les plus fins d'entr'eux s'en vont sans repartie,
  Mais c'est vn Satyrique il le faut laisser là:
Pour moy i'en suis d'auis, & cognois à cela
Qu'ils ont vn bon esprit, corsaires à corsaires,
L'vn l'autre s'attaquant, ne font pas leurs affaires.

FIN.

DISCOVRS
AV ROY.

L eſtoit preſque iour, & le Ciel ſouſ-
riant.
Blanchiſſoit de clarté les peuples d'O-
rient,
L'aurore aux cheueux d'or, au viſage de roſes
Deſia comme à demy decouuroit toutes choſes,
Et les oyſeaux perchez, en leurs fueilleux ſeiour,
Commençoient s'eſueillant à ſe plaindre d'amour:
Quand ie vis en ſurſaut, vne beſte effroyable,
Choſe eſtrange à conter, toutesfois veritable,
Qui plus qu'vn Hydre affreuſe à ſept gueules meu-
glant,
Auoit les dents d'acier, l'œil horrible & ſanglant,
Et preſſoit à pas torts vne Nimphe fuyante,
Qui reduite aux bois, plus morte que viuante,
Haletante de peine, en ſon dernier recours,

Du grand Mars des François imploroit le secours,
Embrassoit ses genoux, & l'apellant aux armes,
N'auoit autre discours que celuy de ses larmes.
   Ceste Nimphe estoit d'âge, & ses cheueux meslez,
Flottoient au gré du vent, sur son dos aualez:
Sa robe estoit d'azur, ou cent fameuses villes,
Esleuoient leurs clochers sur des plaines fertiles,
Que Neptune arrosoit de cent fleuues espars,
Qui dispersoient le viure aux gens de toutes pars.
Les villages espais foürmilloient par la pleine,
De peuple, & de bestail, la campagne estoit plaine,
Qui s'employoient aux ars mesloient diuersement,
La fertile abondance, auecque l'ornement,
Tout y reluisoit d'or, & sur la broderie
Esclatoit le brillant de mainte pierrerie.
   La mer aux deux costez ceste ouurage bordoit:
L'alpe de la main gauche en biais s'espandoit,
Du Rhain, iusqu'en Prouence, & le mont qui partage
D'auecque l'Espagnol le François heritage,
De l'Aucate à Bayonne en cornes se haussant,
Monstroit son front pointu de neges blanchissant.
   Le tout estoit formé d'vne telle maniere,
Que l'art ingenieux excedoit la matiere,
Sa taille estoit Auguste, & son chef couronné,
De cent fleurs de lys d'or estoit enuironné.
   Ce grand Prince voyant le soucy qui la gréue,

DISCOVRS.

Touché de pieté, la prend & là reléue,
Et de feux eſtouffant ce funeſte animal,
Là deliura de peur auſſi-toſt que de mal,
En purgeant le venim dont elle eſtoit ſi plaine,
Rendit en vn inſtant la Nimphe toute ſaine.

Ce Prince ainſi qu'vn Mars en armes glorieux,
De palmes ombrageoit ſon chef victorieux,
Et ſembloit de ſes mains au combat animees,
Comme foudre ietter la peur dans les armees,
Ses exploits acheuez en ſes armes viuoient:
Là les camps de Poictou d'vne part s'eſleuoient,
Qui ſuperbes ſembloient s'honorer en la gloire,
D'auoir premiers chanté ſa premiere victoire.

Dieppe de l'autre part ſur la mer s'alongeoit,
Ou par force il rompoit le camp qui l'aſſiegeoit,
Et pouſſant plus auant ſes troupes eſpanchees
Le mattin en chemiſe il ſurprit les tranchees.
Là Paris deliuré de l'Eſpagnole main,
Se deſchargeoit le col de ſon ioug inhumain.

La campagne d'Iury ſur le flanc cizelee,
Fauoriſoit ſon Prince au fort de la meſlee,
Et de tant de Ligueurs par ſa dextre veincus,
Au Dieu de ta bataille apendoit les eſcus.

Plus haut eſtoit Vandoſme, & Chartres & Pon-
toiſe,
Et l'Eſpagnol deffait à Fontaine Françoiſe,
Ou la valeur du foible émportant le plus fort,

Fist voir que la vertu, ne craint aucun effort.
 Plus bas dessus le ventre au naïf contrefaite
Estoit pres d'Amiens la honteuse retraite
Du puissant Archiduc, qui craignant son pouuoir,
Creut que c'estoit en guerre assez que de le voir.
 Deçà delà luitoit mainte trouppe rangée,
Mainte grande Cité gemissoit assiegée,
Ou si tost que le fer s'en rendoit possesseur,
Aux rebelles veincus il vsoit de douceur,
Vertu rare au veinqueur, dont le courage extresme,
N'a gloire en la fureur que se veincre soy-mesme.
 Le chesne & le laurier, cest ouurage vmbrageoit,
Ou le peuple deuot souz ses loix se rangeoit,
Et de vœuz, & d'encens, au Ciel faisoit priere,
De conseruer son Prince en sa vigueur entiere.
 Maint puissant ennemy domté par sa vertu,
Languissoit dans les fers souz ses pieds abatu,
Tout semblable à l'enuie à qui l'estrange rage,
De l'heur de son voisin enfielle le courage,
Hideuse, bazannee, & chaude de rancœur,
Qui ronge ses poulmons, & se masche le cœur.
 Apres quelque priere en son cœur prononcee,
La Nimphe en le quittant au Ciel s'est eslancee,
Et son corps dedans l'air demourant suspendu:
Ainsi comme vn Milan, sur ses aisles tendu,
S'arreste en vne place, ou changeant de visage,
Vn bruslant esguillon luy pique le courage;

Son regard estincelle, & son cerueau tremblant
Ainsi comme son sang d'horreur se va troublant:
Son estomach pantois souz la chaleur frissonne,
Et chaude de l'ardeur qui son cœur espoinçonne,
Tandis que la fureur precipitoit son cours,
Veritable Prophete elle fait ce discours.

  Peuple l'obiect piteux du reste de la terre,
Indocile à la paix, & trop chaud à la guerre,
Qui fecond en partis, & leger en desseins,
Dedans ton propre sang soüilles tes propres mains,
Entens ce que ie dis attentif à ma bouche,
Et qu'au plus vif du cœur ma parole te touche.

  Depuis qu'irreuerant enuers les immortels
Tu taches de mespris l'Eglise & ses autels,
Qu'au lieu de la raison gouuerne l'insolence,
Que le droit alteré n'est qu'vne violence,
Que par force le foible est foulé du puissant,
Que la ruse rauit le bien à l'innocent,
Et que la vertu saincte en public mesprisee,
Sert aux ieunes de masque, aux plus vieux de risee,
(Prodigue monstrueux) & sans respect de foy,
Qu'on s'arme ingratement au mespris de son Roy,
La Iustice & la paix, tristes & desolees,
D'horreur se retirant au Ciel s'en sont volees:
Le bon-heur aussi-tost à grands pas le suiuit,
Et depuis le Soleil de bon œil ne te vit.

  Quelque orage tousiours qui s'esleue à ta perte,

A comme d'vn broüillas ta personne couuerte,
Qui tousiours prest à fondre en eschec te retient,
Et mal-heur sur mal-heur à chaque heure te vient.

On a veu tant de fois la ieunesse trompee,
De tes enfans passez au tranchant de l'espee,
Tes filles sans honneur errer de toutes parts,
Ta maison, & tes biens saccagez dès soldats:
Ta femme insolemment d'entre tes bras rauie,
Et le fer tous les iours s'attacher à ta vie.

Et cependant aueuglé en tes propres effets,
Tout le mal que tu sens, c'est toy qui te le fais.
Tu t'armes à ta perte, & ton audace forge,
L'estoc dont furieux tu te couppes la gorge.

Mais quoy tant de mal-heurs te suffisent-ils pas?
Ton Prince comme vn Dieu, te tirant du trespas:
Rendit de tes fureurs les tempestes si calmes,
Qu'il te fait viure en paix à l'ombre de ses palmes:
Astree en sa faueur demeure en tes Citez,
D'hommes & de bestail, les champs sont habitez:
Le Paysant n'ayant peur des bannieres estranges,
Chantant coupe ses bleds, riant fait ses vendanges,
Et le Berger guidant son troupeau bien nourÿ
Enfle sa cornemuse en l'honneur de Henry.
Et toy seul cependant, oubliant tant de graces,
Ton aise trahissant de ses biens tu te lasses.

Vien ingrat respon-moy, quel bien esperes-tu,
Apres auoir ton Prince en ces murs combatu?

Apres

DISCOVRS.

Apres auoir trahy pour de veines chimeres,
L'honneur de tes ayeux, & la foy de tes peres?
Apres auoir cruel tout respect violé,
Et mis à l'abandon ton païs desolé?
  Atten-tu que l'espagne auecq' son ieune Prince,
Dans son monde nouueau te donne vne Prouince?
Et qu'en tes trahisons, moins sage deuenu,
Vers toy par ton exemple il ne soit retenu?
Et qu'ayant dementy ton amour naturelle,
A luy plus qu'à ton Prince il t'estime fidelle?
Peut-estre que ta race, & ton sang violent,
Yssu, comme tu dis, d'Oger ou de Roland,
Ne te veut pas permettre, encore ieune d'âge,
Qu'oysif en ta maison se roüille ton courage,
Et rehaussant ton cœur, que rien ne peut ployer,
Te fait chercher vn Roy qui te puisse employer,
Qui la gloire du Ciel, & l'effroy de la terre,
Soit comme vn nouueau Mars indomptable à la
  guerre,
Qui sache en pardonnant les discours estouffer,
Par clemence aussi grand, comme il est par le fer.
  Cours tout le monde entier de Prouince en Pro-
  uince,
Ce que tu cherches loing habite en nostre Prince.
  Mais quels exploicts si beaux a fait ce ieune Roy,
Qu'il faille pour son bien que tu fauces ta foy?
Trahisses ta patrie, & que d'iniustes armes,

I

Tu la combles de sang, de meurtres, & de larmes?
  Si ton cœur conuoiteux, est si vif & si chaut,
Cours la Flandre, ou iamais la guerre ne deffaut,
Et plus loing sur les flancs d'Autriche & d'Alemagne,
De Turcs, & de turbans enionche la campagne,
Puis tout chargé de coups, de vieillesse, & de biens,
Reuien en ta maison mourir entre les tiens.
Tes fils se mireront en si belles despoüilles,
Les vieilles au foyer en fillant leurs quenoüilles,
En chanteront le conte, & braue en argumens,
Quelque autre Iean de Mun en fera des Romans.
  Ou si trompant ton Roy tu cours autre fortune,
Tu trouueras ingrat toute chose importune,
A Naples, en Sicille, & dans ces autres lieux,
Ou l'on t'assignera, tu seras odieux,
Et l'on te fera voir auecq' ta conuoitise,
Qu'apres les trahisons les traistres on mesprise.
  Les enfans estonnez s'enfuiront te voyant,
Et l'Artisan mocqueur aux places t'effroyant,
Rendant par tes brocards ton audace flestrie,
Dira ce traistre icy nous vendit sa patrie,
Pour l'espoir d'vn Royaume en chimeres conçeu,
Et pour tous ses desseins du vent il a reçeu.
  Hâ! que ces Paladins viuans dans mon histoire,
Non comme toy touchez d'vne bastarde gloire,
Te furent differens, qui courageux par tout,

Tindrent fidellement mon enseigne debout,
Et qui se respandants ainsi comme vn tonnerre,
Le fer dedans la main firent trembler la terre,
Et tant de Roys Payens souz la croix desconfis,
Asseruirent veincus aux pieds du Crucifis,
Dont les bras retroussez, & la teste panchee,
De fers honteusement au triumphe attachee
Furent de leur valeur tesmoins si glorieux,
Que les noms de ces preux en sont escrits aux cieux.

 Mais si la pieté de ton cœur diuertie,
En toy pauure insensé n'est du tout amortie,
Si tu n'as tout à fait reietté loin de toy,
L'amour, la charité, le deuoir & la foy,
Ouure tes yeux sillez, & voy de quelle sorte
D'ardeur precipité la rage te transporte,
T'enuelope l'esprit, t'esgarant insensé,
Et iuge l'auenir par le siecle passé.

 Si tost que ceste Nimphe en son dire enflammee,
Pour finir son propos eut la bouche fermee,
Plus haute s'esleuant dans la vague des Cieux,
Ainsi comme vn esclair disparut à nos yeux,
Et se monstrant Déesse en sa fuitte soudaine,
La place elle laissa de parfun toute plaine,
Qui tombant en rosee aux lieux les plus prochains,
Reconforta le cœur & l'esprit des humains.

 HENRY le cher suiect de noz sainctes prieres,
Que le Ciel reseruoit a noz peines dernieres,

Pour restablir la France au bien non limité,
Que le destin promet à son eternité.

Apres tant de combats, & d'heureuses victoires,
Miracles de noz temps, honneur de noz histoires,
Dans le port de la paix, grand Prince puisses-tu,
Mal-gré tes ennemis exercer ta vertu:
Puisse estre à ta grandeur le destin si propice,
Que ton cœur de leurs traicts rebouche la malice,
Et s'armant contre toy puisse-tu d'autant plus,
De leurs efforts domter le flus & le reflus.
Et comme un Sainct rocher opposant ton courage,
En escume venteuse en dissiper l'orage,
Et braue t'esleuant par dessus les dangers
Estre l'amour des tiens, l'effroy des estrangers.

Attendant que ton fils instruit par ta vaillance,
Dessous tes estandars sortant de son enfance,
Plus fortuné que toy, mais non pas plus vaillant,
Aille les Othomans iusqu'au Caire assaillant,
Et que semblable à toy foudroyant les armees
Il cueille auecq' le fer les palmes idumees
Puis tout flambant de gloire en France reuenant,
Le Ciel mesme là haut de ses faits s'estonnant,
Qu'il espande à tes pieds les despoüilles conquises,
Et que de leurs drapeaux il pare noz Eglises.

Alors raieunissant au recit de ses faits,
Tes desirs, & tes vœuz en ses œuures parfaits,
Tu ressentes d'ardeur ta vieillesse eschauffee,

DISCOVRS.

Voyant tout l'vniuers nous seruir de trophee,
Puis n'estant plus icy chose digne de toy,
Ton fils du monde entier restant paisible Roy,
Souz tes modelles saincts, & de paix & de guerre,
Il regisse puissant en Iustice la terre,
Quand apres vn long-temps ton esprit glorieux,
Sera des mains de Dieu couronné dans les Cieux.

FIN.

De l'Imprimerie de P. PAVTONNIER,
au Mont Sainct Hillaire.

Extraict du priuilege du Roy.

PAR grace & Priuilege du Roy, il est permis à M. Regnier, de faire imprimer par tel Libraire, où Imprimeur qu'il luy plaira, vn liure intitulé. Les premieres œuures du Sieur Regnier: Et deffence sont faites à tous autres d'imprimer ou faire imprimer ledit liure, sans le congé & consentement du Libraire que ledit sieur Regnier aura esleu: & ce iusques au temps & terme de six ans finis & accomplis, à commencer du iour & date que ledit liure sera acheué d'imprimer, sur peine de confiscation desdits liures qui se trouueroient contrefaits, & d'amende arbitraire, & de tous despens dommages & interests enuers le Libraire, ainsi que plus amplement est contenu & declaré és lettres du Priuilege. Donné à Paris le 23. iour d'Auril l'an de grace 1608. Et de nostre regne le 19.

Par le Roy en son Conseil DESPORTES.

Signé en queuë DAMBOISE.

ET ledit Sieur Regnier, a permis & permet, concent & accorde, que Toussainct du Bray marchand Libraire à Paris, Imprime ou face Imprimer, vende, distribuë, & iouysse dudit Priuilege, ainsi qu'il a esté accordé entr'eux. Fait ce 13. May 1608.

www.ingramcontent.com/pod-product-compliance
Lightning Source LLC
Chambersburg PA
CBHW060139100426

42744CB00007B/831